文治
© wénzhì books

更好的阅读

台湾四百年

许倬云
著

浙江人民出版社

图书在版编目（CIP）数据

台湾四百年：精装珍藏版 / 许倬云著．— 杭州：浙江人民出版社，2016.12（2025.8 重印）
（许倬云说历史）
ISBN 978-7-213-07704-3

Ⅰ．①台… Ⅱ．①许… Ⅲ．①台湾—地方史 Ⅳ．① K295.8

中国版本图书馆 CIP 数据核字（2016）第 279969 号

台湾四百年

许倬云　著

出版发行　浙江人民出版社（杭州市环城北路 177 号 邮编 310006）
责任编辑　陈巧丽
责任校对　戴文英
印　　刷　河北鹏润印刷有限公司
开　　本　880 毫米 ×1230 毫米　1/32
印　　张　4.5
字　　数　115 千字
插　　页　4
版　　次　2016 年 12 月第 1 版
印　　次　2025 年 8 月第 11 次印刷
书　　号　ISBN 978-7-213-07704-3
定　　价　56.00 元

如发现图书质量问题，可联系调换。质量投诉电话：010-82069336

目录

前言

1948年，我们举家迁至台湾。当时我接受的中学教育还有一个学期没有完成，于是，进入台南二中当插班生，读了一个学期后考上了台湾大学。在台湾大学我读了四年本科、三年研究所，然后进入相关研究机构工作，两年后到了美国。在美国读完博士学位后，我又回到了台湾。从1962年到1970年，我在台湾大学和相关研究机构服务，1970年再次来到美国。从那时候到现在，几乎每年我都要回台湾，短则待上两三个月，长则一年，如此反复，往返于太平洋两岸。从二十多岁到八十多岁，我在台湾的岁月加起来大概占了人生的一半。我固然是在大陆出生，但可以说是在台湾成长，也在台湾逐渐老去。大陆是我的出生之地，台湾是我的成长之地，对这两个地方我都有浓厚的感情。

由于战乱奔走四方，我相信我对中国各地情况的了解，比许多只留在一个城市的朋友，可能更深入也更透彻。因为在逃难期间，各个阶层、各种生活形态我都经历过。在台湾的这几十年，是我人生的一半光阴，所幸我在台湾的各阶层、各行业都有相当好的朋友，我与他们也有许多日常的接触，因此我觉得自己既可以大陆人的身份观察台湾，也可以本省人的身份理解台湾。基于两层的比较，对我自己而言，都是在理解自己，而不是在理解别人。我对台湾的观察和体验，也是既非完全台湾人的，也非完全大陆人的，而是尝试着两面兼顾，所以看得较为清楚。

尤其是在 1970 年以后，台湾改革开放的那一段时期，我参与了许多民间的论坛，也参与了许多为了建设台湾而举行的大小会议，加上许多朋友给我提供的资料，所以，对于整个台湾的演变，我都有相当于坐在舞台后面、舞台边缘甚至舞台前面观察的机会。

上面所说的情形，使我在口述“台湾发展史七讲”的时候，既写下了我的观察、我的理解、我的分析，还写下了我的感想。内心的激荡如波涛汹涌，和我写专业历史论文时候的心情，完全不一样。这一过程，等于是自己解剖自己给别人看。台湾的发展历程，让我刻骨铭心，等于我自己本身经历的过程；我陈述的不是别人，其实就是自己。由于专业的习惯，我尽量保持冷静，但是，我无法避免个人感情上的激荡。在陈述时，我努力控制情绪，才收住一些情感化的词句。这些情形，我必须剖白给我的读者，这样读者才能理解我和原谅我。

我祈求读者阅读这本书的时候，心存同情，而不是把它当作“别处”或“他方”的历史看待。请你理解，一群来自中国大陆的人，在一个海岛上四百年的辛苦和艰难，四百年流过的血汗泪，四百年经历的屈辱和在屈辱底下发出的奋发图强的声音。因为有许多复杂的心情，他们也不免语多偏差，但很多人都曾经努力于做好该做的事。我希望读者能理解台湾人的这份心情，那么对于本书所叙述的四百年来辛苦艰难的历程，你们会多一份同情，也会因为同情，所以能更深刻地理解。

现在，台湾正在一个转变的关口。这个转变的关口，在于世界局势复杂，两岸关系微妙，经济难关必须突破，政治制度必须改进……在这种种框架之内，我们要靠一部小书来交代一切，当然非常困难。在本书的结尾，我对于台湾发展过程中的缺陷，也有所陈述。正是因为恨铁不成钢，我才坦白地批评。这些缺失，更可以提供给大陆作为发展的参考。两岸之间，同根同种，彼此的经验相互借鉴，相较于借鉴旁人而言，更为真切。如果各位读者能够以同情之心、以彼此谅解之心来理解台湾，我想这本书，还是可以提供给各位一些背景知识的。本书不是一部资料书，而是一部关于台湾人今天的精神与困境的书。如果读者读完这书，对台湾发展到今天的历史背景有一定的了解，能够做到这一点，我就满足了。

许倬云

2012 年 7 月 2 日于匹兹堡

第一章
被西洋海盗与东方倭寇拽进历史

那时，新大陆、澳洲等地已被西洋人占有。这时，全球才结为一个共同的贸易网，台湾进入世界性的文化交流网络。

今天是这一系列的第一讲，是关于台湾近代的发展。由于所有的发展都有前因后果，其根源可以埋藏得很深，所以这一讲我们先谈谈台湾的起源。

“美丽岛”台湾的传说

话说当年（1957）我第一次离开台湾，赴美求学。船从基隆出海，已经是下午了，绕航过台湾的东北角，然后往东南方向行驶。那整个下午，我一直在瞭望台湾岛，船渐行渐远，到了一定距离之后，台湾岛看上去已经不像一个岛，而像一个翡翠的盆景：苍翠的山林，起伏的轮廓。渐渐地，台湾岛从翠绿变成苍色，再从苍色变成墨色，后边衬着的是落日余晖，一圈光环照在山上。当时，我就感觉，哦，这就是葡萄牙人叫她“福尔摩莎”的原因。人在岛内，无法想象葡萄牙人第一次看到这岛屿的印象，只有在远距离，看到那一个大岛成为海上盆景，像翡翠玉雕的时候，才知道“美丽岛”（Formosa）三个字，为什么是那些葡萄牙水手见到台湾岛时的反应。

台湾岛在中国的沿海，自古到今都存在。台湾逐步进入历史，可以从南宋活跃的海外贸易开始追溯。南宋王朝将这些沿海地区和远近岛屿，次

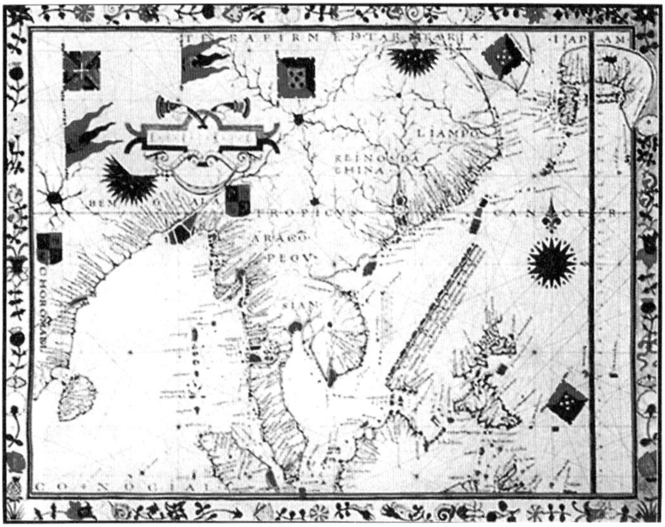

1570 年葡萄牙人绘制的亚洲地图。这是目前所知最早绘出台湾的一张图。葡萄牙人是最早发现台湾的西方人，他们将这座岛屿命名为“福尔摩莎”。

第纳入中国的文化圈，成为中华民族汉人开拓的东南疆土。但是，台湾岛正式进入中国历史，却是在16世纪。它进入中国历史的同时，也进入了世界历史。葡萄牙人走过台湾外海的时候，正是世界大航海兴起的时代。欧洲人本来的企图是寻找东亚古老的国家，求取广大的市场，也求取东亚国家的货币和资源。他们无意中发现了美洲，也找到了东西之间的航道。16世纪，台湾正是在这一跨洋航道上进入世界史，也在中国与西方接触的场合，成为中国海洋史的一个重要部分。

从地理上看，台湾岛和大陆的距离并没改变。距今七万年以前，台湾岛是东亚大陆的一个半岛，北端经由浙江外海的列岛把台湾连接在东亚大陆上。今天的台湾海峡，在当时其实是一个海湾。七万年前，海平面上升，那一连接的部分断了，于是台湾成为被海峡隔离的一个大岛。在中国历史上有几次记载说，在东方某个岛屿上有人居住；也有记载说，远征的船队到达了一个大岛。历史学家们认为，从东汉到宋朝，这些有限的记载，所指的就是台湾。

西洋海盗与东方倭寇猖獗的东亚沿海

台湾紧密地和大陆历史联系在一起，应是从16世纪开始的，如前所述，就是在西洋人进入东方，开拓市场和寻求资源的时候，葡萄牙人首先在东方活动，取得了澳门，也在日本取得了贸易据点。荷兰人后来居上，成为在东亚地区活动的主要势力。在这个时候，中国历史上记载了不少所谓“倭寇”的活动。直到今天的教科书上，都认为倭寇就是日本的海盗。倭寇的崛起，是和葡萄牙人进入东南亚同步发生的。中国史书上的记载，称西洋人为“红毛番”，称日本人为“倭寇”。在明朝下半期发生的这些事情，都应当被看作全球性海上活动的一部分。

西方势力东来，引发了前所未有的海上贸易和海上掠夺。那时候的日本，正处于锁国[①]时期，日本的官方政策不许民间百姓擅自出海。在中国的明朝初期，曾经有郑和下西洋的壮举，然而，在永乐以后，明朝的官方并没有再继续进行大规模的海上活动。东亚的两个大的国家——日本和中国，就官方政策而言，都没有正式的海上活动。但是，这个时候，因西洋人在东方的活动，民间出现了一些海上活动集团。在日本，九州岛的地方诸侯参与了海上活动；在中国，却是许多私人资本投入海上贸易。

如前所述，明代初期，曾经有郑和下西洋的壮举。虽然后来政府不再从事海上活动，但造船的技术、海上航行的知识，还保留在民间——那是唐、宋、元三朝逐渐累积的科学知识。其实，唐、宋、元以来，南海诸国沿着马来西亚半岛的海岸，和中国进行的贸易活动，在民间并没有中断。只是西洋人到东方之后，民间海上活动又受到了新的刺激，变得更为活跃。虽然官方不允许百姓私自下海，但只要有利可图，就会有人投资，从海上的国际贸易中牟取厚利。

这些没有得到国家许可而在海上活动的船队，并不单纯来自某一个国家。这些专业的海上活动分子，纵横捭阖，既合作又竞争。中国和日本的沿海地区，都有和海上集团合作的商人，他们提供外销商品，也接纳运来的货物，这种海上贸易，因此具有显著的国际性。官私记录上常常提到，

---

①锁国：指日本江户时代幕府禁止对外交通和贸易的政策。从 16 世纪中期开始，葡、西、荷、英等国的传教士和商人至日本传教与贸易。为巩固统治，幕府颁布法令，限制外商活动并禁止国人信仰天主教。1633 年前后，幕府多次颁布《锁国令》，严禁与外国通商，仅允许与中国和荷兰进行有限的贸易。日本“锁国”两百余年，直至 19 世纪中期《安政条约》订立时方废止。

明朝称为“倭寇”的集团之中，夹杂了许多成分，也常常牵涉西洋海上力量。“倭寇”这个名词，实际上是一个国际集团的总称，他们分分合合，没有一定的归属，组织上并不严密。中国沿海有许多小商贩，可能利用渔船，将中国的丝绸、瓷器转运给海上的贸易集团。中国的富人，譬如安徽的徽商，富有资金，也会投资造船，雇用专人参与海上的贸易。

从 16 世纪开始，中国东南沿海，一时之间，忽然热闹起来，西洋、东洋和中国的大小船只，来来往往，彼此合作，也互相争斗。一些民间海上集团上岸后，平时进行不经官方许可的贸易，但需要供应的时候，也许就以强盗的手段，掠夺当地的商户和粮食。这些亦商亦盗的海上团体，引发了中国官方的镇压和清剿。戚继光、俞大猷这些人物，都在平定倭寇上立了大功。

作为海上集团活动据点的台湾

国际海上集团必须建立基地。澳门就是葡萄牙人以半借半占的形式从中国取得的海港。中国民间的海上集团，也会建立活动的基地。例如，在浙江宁波附近的双屿——一个已经有相当规模的海港，曾经有过海上集团的基地，有码头、街市、仓库，甚至还有教堂。16 世纪海上活动的主要人物有王直、徐海、许氏兄弟，这些人物都在双屿活动过。后来，双屿的存在，引起了中国官方的注意，于是胡宗宪[①]发动大量渔船，协助官兵踩平了双屿。双屿的存在，是因为见于史乘，我们才知道那些细节。

---

①胡宗宪（约 1512—1565），明代徽州绩溪（今属安徽）人，明代政治军事人物。任上八年，全力抗倭。后被言官弹劾为严嵩一党，下狱而死。

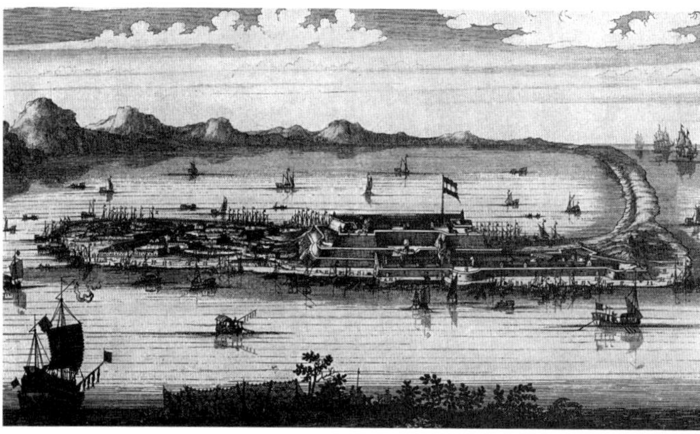

台湾安平古堡版画。安平古堡古称“奥伦治城”（Orange）、“热兰遮城”（Zeelandia）、“安平城”“台湾城”，最早建于 1624 年，是台湾地区最古老的城堡。自建城以来，先后成为荷兰人统治台湾的中枢，以及郑氏王朝三代的宅邸。

其实，在那个时候，许多沿海小岛都有海上集团在活动。台湾的南北两端都有过这种基地。我们知道得比较清楚的，就是荷兰人曾在今天的台南和高雄地区，建立了一个荷兰东印度公司的据点。他们的城堡，就是今天的安平古堡。在基隆，西班牙人也曾经建立据点，只是没持续多久就被荷兰人驱逐走了。

中国的海上活动集团之中，颜思齐[①]的集团也曾经在嘉义的海边建立了一个休息的补给据点。据说郑成功的父亲郑芝龙曾经是颜氏的部下，他们不仅在那里取得淡水、在那里停泊，而且还从福建招募壮丁，运送耕牛，开垦农田，生产自己的粮食。

这些历史事件说明，台湾在这个非常活跃的海商活动时期，在纷纷扰扰的海战之中，进入了中国的历史。荷兰人本来想要夺取澎湖作为基地，但被中国的驻军挡住了。中国驻军将领派遣翻译告诉荷兰人，在不远之处，有一个叫作“大员[②]”的地方，那里已经有人居住，从事种种海上活动，“你们可以在那里停泊休息，不必到澎湖来骚扰”。

这个担任翻译的人员名叫何斌，可能既能说西方语言，也通晓台湾南部少数民族的语言。他自己在大员就有住所，也有相当的海上活动。也就是这位何斌，后来带领郑成功的舰队，进入台南的鹿耳门，从荷兰人手上夺回了台湾。可见，荷兰人到达台湾大员，也就是今天的安平古堡一带时，中国的海上活动团体已经在那里居住，并形成聚落。荷兰人在那里建

---

①颜思齐（1589—1625），字振泉，一字枢泉，福建漳州海澄县（今厦门海沧青礁村）人。17世纪东亚海上知名的海盗。曾将台湾作为基地，是台湾岛最早的一批开拓者之一，可能是大倭寇海商中国船长李旦的副手。

②大员：旧地名。今台湾省台南市西安平区一带。大员本为当地平埔族番社名，大陆沿海居民来岛上，常在此登陆。至明末崇祯年间始以之代称台湾。

设基地，将台湾拉入了西洋人的海上活动之中。

那一个时期，活跃的大航道、海上贸易圈和探险的工作，正是今天我们所谓完成全球化的最后一步。那时，新大陆、澳洲等地已被西洋人占有。这时，全球才结为一个共同的贸易网，台湾进入世界性的文化交流网络。

台湾和大陆关系疏远的原因

当然，我们立刻就有个问题：为什么台湾离大陆如此近，而二者之间居然没有非常紧密而持续的关系？这个问题，有许多人寻求答案。有人说，因为台湾海峡的水流速度太快，不容易横渡；也有人说，中国的船不利于沿海航行。但这些在今天看来都不是理由。

我在想，最重要的原因是，从考古学上来看，几千年来，一直到16世纪，台湾岛上的人口都不多。台湾地形复杂，丛林、湖沼、河川、山林、山谷和台地，将台湾割成一小片一小片的。加上台湾是亚热带气候，岛上树木生长非常迅速，榛莽遍地，不容易开辟道路，所以在考古学上呈现的现象是：不同时期、不同地区的古代文化，都显得相当独立，并没有明确可以整理的承袭关系或是融合的现象。

中国历史文献记载中的台湾

关于台湾，最早的文字记载是1603年陈第的《东番记》，全文一千四百余字，应当算是短文。和一百年后康熙年间郁永河[①]的《裨海纪游》相比，《东番记》算是非常短的著作，但其记录的内容却非常扼要。陈第跟着澎湖的水师将领在1602年追逐倭寇，追到了台湾，在大员登陆。因此，他有机会目睹了台湾少数民族的生活。他的记载是从今天嘉义的布袋开始的，显然，布袋就是他们登陆的第一站。从嘉义往南，一直说到今天高雄的旗津、屏东的东港，然后又追溯到台南，最后提到的是台北的淡水河八里。他认为这些地方有数十个聚落，这些都是当地少数民族的居住点。据他描述，每一个居民点或每一个社，人口最多不过千把人，没有酋长，谁家的人丁多，谁家就是当地的领袖。

这些聚落各有名称，语言也并不完全一样。他们没有文字，也不知道天文历法，连年代都记不清楚。

当时台湾土著的农业，还是粗放的刀耕火种。放火烧了植被，然后耕种，收割也只是用手来撸稻穗。陈第不知道他们在种植小米，他只提到少数民族种植稻米。可是，他居然提到了番薯。番薯原生地是美洲新大陆，大洋航道开通之后，番薯才逐渐跟着西班牙人、葡萄牙人的足迹，传到东方来。因此，当地人取得这种新大陆的植物，应当是比刚才所说的海上活动更早。台湾当地人用原始耕种方式，维持他们的基本生活。除农耕之外，他们也打猎。台湾当时有很多水鹿，这是他们相当重要的肉食来源。他们也有薏仁、小豆、胡麻、大豆……这些都是和中国其他沿海地区一样生产的农作物。

---

①郁永河（1645—？），字沧浪，浙江仁和（今杭州市）人。中国清代地理学家。康熙三十六年（1697）二月至十月为采集硫黄矿，从福建去台湾，以日记形式写成《采硫日记》（又称《裨海纪游》）。此书记述了台湾的自然地理和经济地理、地质（火山、地震和矿产）以及台湾海峡的水文、气象等情况，是研究台湾历史、地理的重要文献。

台湾泰雅人男子。17 世纪意大利印制的以台湾当地人为主题的图片。当时台湾的农业，还是粗放的刀耕火种。农耕之外，他们也打猎。

据陈第的记载，当时台湾的少数民族曾经和倭寇有过严重的冲突，他们被倭寇打败了，不得不躲到深山里面去。陈第曾经跟随中国水师追逐倭寇，登陆驱逐敌人。为此，少数民族的领袖带了许多礼物向他们致谢。他同时还提到，有些漳州、泉州等处的老百姓，因为经常来往于台湾和大陆，已经懂得台湾当地人的语言。他们带来陶瓷、纺织品、盐、铁，与其交换鹿皮、鹿角等当地物产。

他所描述的海外伊甸园，没有很复杂的组织，也没有太大的生产能力，人们过着相当自然而简单的生活。这样一个岛屿，总人口也不过十几二十万，无法构成一个广大的市场，因此不会吸引很多大陆人去贸易。他们的物产非常有限，能够用来贸易的商品，也不过就是些鹿角、鹿皮，可能还有树藤和樟脑。这个既不能提供资源，又不具备交易市场的岛屿，当然就不会吸引大陆的商贩经常往来了。东亚沿海的洋流往南流，沿着南海，经过中南半岛、马来半岛、文莱和菲律宾等地，一直到马六甲。这一路上有足够的南方居民和南方聚落、足够的资源和商机。南方的香料、珠宝、玉石，都是贵重的商品。既然往南的道路是有利可图的商道，大陆的商人就犯不着跨过黑水洋到台湾寻找微小的利润了。

台湾的宿命：本土的、中国的、世界的

台湾进入中国历史文献的时间段晚，并不表示大陆沿海的老百姓不知道台湾，只是说，台湾当时的资源和人口，并不足以吸引大陆人和台湾进行经常性的贸易。实际上，在 1603 年利玛窦绘制的地图上，已经有台湾岛屿的形象，但并没有给它取名，它只是作为一个岛屿被放在大琉球的南方——大琉球就是今天的琉球。这个地图上的记录充分说明，大陆沿海居

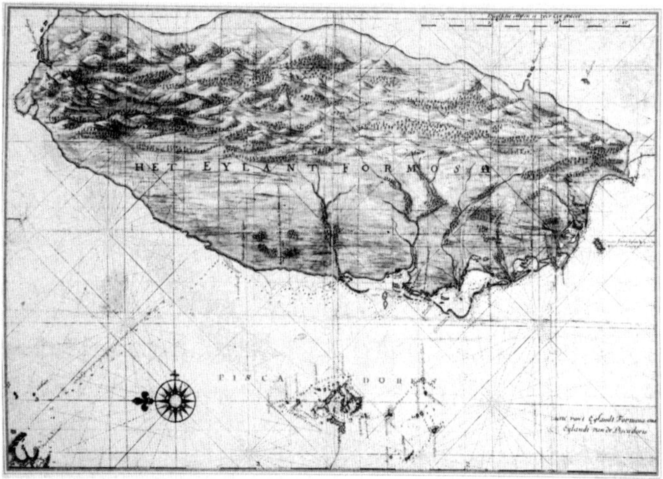

1640 年荷兰占领台湾岛时绘制的地图。此时的台湾岛并非不为大陆人所知，而是在中国的官方记录中，并没有特别关注这个海岛。

民很清楚有这个岛屿，甚至也有人在那里进出。当时台湾不是不为大陆人所知，而是中国的官方记录中，并没有特别关注这个海岛。

陈第到台湾约一百年之后的康熙时代出了本《裨海纪游》。该书作者郁永河笔下的台湾，和《东番记》所记载的台湾相差不远。郁永河从台南登岸，从台北出海，回到福建。这一段道路的艰苦，聚落的分散，道路上的种种障碍，包括河川、沙丘、湖泊和繁密的树林、竹丛……凡此种种，都说明了，即使台湾已成为中国的一部分，跟大陆的关系也更紧密了，但台湾能够提供的贸易商机仍然不大。台湾除了南部有较多的聚落，北部和中部都只有几个州县据点。同时，台湾在大洋航道上的国际商贸地位也始终存在，汉人移民开发台湾，其生产的物资，不少就是以外销为主的。

第二章

从海盗集团到“开台圣王”

郑氏政权本身不仅是一个开拓台湾的行政系统，也是经营国际贸易的商业组织。

“开台圣王”郑成功

郑成功以海上的力量进入台湾，在台湾建立政权，统治台湾三代之久。这是中国的政令第一次抵达台湾，将台湾纳入中国的疆域。台湾台南的赤崁楼（当年荷兰人城堡的遗址所在）上有一副对联：

开万古得未曾有之奇，洪荒留此山川，作遗民世界；

极一生无可如何之遇，缺憾还诸天地，是创格完人。

这是清末的沈葆桢为纪念郑成功而作。郑成功在明朝覆亡之际，参与他父亲郑芝龙建立的海上活动集团，扶掖唐王[①]，致力于反清复明。他在其父降清之后，仍旧组织海上力量，继续恢复华夏的努力。1658 年，他的水师曾经突入长江，进攻南京。1659 年，兵败南京后，郑成功袭取大员（台湾），建立了抗清政权，在一隅孤岛上延续了三代。

郑氏集团数以千计的船舰，打着“国姓”旗号，纵横海上。借国际贸

① 唐王：明绍宗朱聿键（1602—1646），崇祯五年（1632）继任唐王。1645 年南京失陷后，受郑鸿逵、黄道周等拥戴，在福州监国，旋即称帝，年号隆武。次年，清兵入福建，因郑芝龙降清，逃至汀州被俘，死于福州。

易，他维持了强大的水师，又开拓台湾，哺育十万移民，安抚十万台湾少数民族人民。如果不是因大洋航道开拓的时机，海上活动不可能拥有如此巨大的动力，台湾一岛也不可能跃登为东亚航道枢纽。

郑氏孤忠，得遗民人心，不是为了朱家天下，而是为了维护华夏文化的一脉香火，所以郑氏和清政府屡次谈判，可以称臣，但是坚持不剃发，不改衣冠，只是为了保留华夏文化的象征。这一立场，乃是为了文化的归属。

郑氏在台湾立足，大陆移民一批又一批移入台湾，从此将这一岛屿开发为中国的东海屏障，郑成功遂成为“开台圣王”，受台湾人民纪念膜拜。以上事迹，包含世界历史、华夏认同和台湾本土性三重意义。沈葆桢那副对联的上联，正是说以万古奇遇的机运，贯穿三重的叠合。现将这一富有传奇性的过程，简述如下。

14 世纪后，东亚政治经济格局的转变

归根结底，台湾地位的大变化，应当是与 14 世纪以后东亚海上政治势力和经济势力的转变有着不可分割的关系。蒙元时代，陆路经过大漠和草原，海路绕航太平洋和印度洋再进入波斯湾。这两条道路，将欧、亚两个大地区连接在一起。蒙元离散，明代的中国，北疆的道路不再畅通，南方的海上道路却始终不断。然而，也是在元、明交接之际，东亚的海面，日本力量忽然崛起。那时，正是日本的“南北朝对峙期[①]”，也就是所谓

①指日本室町时代初期两个皇室对峙的政治局面。1336 年，足利尊氏在京都拥立持明院统的光明天皇；当时在位的大觉寺统的后醍醐天皇避往大和的吉野（今奈良县南山区）。从此南朝（吉野朝）和北朝（京都朝）对峙。1338 年，足利尊氏开创室町幕府。1392 年，南朝后龟山天皇退位，仅存北朝后小松天皇，对峙局面结束。

的南朝与北朝，争夺日本的统治权。后来，北朝的足利尊氏终于统一了日本，南朝的封建诸侯失败了，他们的武装力量转入海上，尤其是许多本来有归属的诸侯、武士，成为所谓的“浪人”。这些无所归属的力量无处谋生，就以九州岛的沿海地带和岛屿为基地，在东北亚寻求出路，这就是明初所谓的倭寇。明太祖时代，倭寇曾经侵犯中国的港口数十次之多，甚至突入长江口，长江三角洲的沿海城镇多受倭寇的侵扰。明、清两代，常有海禁，禁止中国的船只下海，也不许外国船只登陆，甚至还强迫沿海居民放弃沿岸的村镇，迁入内地。海禁令造成的经济后果非常严重，因为南宋至蒙元以来，在中国东南沿海，海外贸易为中国赚了不少的利润，颇多沿海居民依靠外贸为生。同时，沿海的渔业也大受海禁令的影响。

明初永乐年间，郑和七次下西洋，其真实目的并不完全是宣扬国威，至少有一部分目的是要以官方贸易的朝贡之路代替过去的民间贸易。朝贡贸易有相当的限制，并不能完全代表全面性的商业活动。永乐以后，如前文所述，海禁时开时闭。于是，中国沿海始终有一些走私活动。

明代中叶，也就是从 15 世纪开始，西方国家开拓海上通道，从此不再经过波斯湾，直接绕航到太平洋。15 世纪末期，欧洲人发现了美洲。葡萄牙人和西班牙人继续在太平洋开拓，这些西方的海上势力，以菲律宾的吕宋[①]为转运站，用大批新大陆的白银，换取东亚太平洋地区的商货——尤其是中国的丝绸和瓷器，以及南洋各地的香料。本来是东南亚地区用来和中国交换手工艺品的贸易，这时也转入了欧洲人的手中。欧洲的高桅船，船大、运载量大，又有强大的火力，不是一般南洋商人所能抵御的。

---

①吕宋：古国名，今菲律宾群岛中最大的岛。宋、元以来，中国商船常到此贸易。明时称吕宋，《东西洋考》和《明史·外国列传》等均有专条记述。自 1571 年至 1898 年，其地为西班牙所侵占，故《海录》中称为“小吕宋”，而以“大吕宋”称呼西班牙。

明朝皇帝派遣郑和下西洋时敕造的福船。船体高大如楼，底尖上阔，艏艉高高翘起，艏尖艉方，两侧有护板。当时中国的造船业遥遥领先全球。郑和七次下西洋，其真实目的，并不完全是宣扬国威，至少有一部分目的是要以官方贸易的朝贡之路代替过去的民间贸易。

白银贸易的刺激

这一情势的转变，大大改变了中国沿海的海外贸易状况。中国是一个贵金属本位的国家，以金、银、铜作为实质货币，元、明两朝都因为硬币不够用，不得不以银券、钱票来代替实质的货币。新大陆大量白银的涌入，正是贸易走向活跃的强大诱因。既然中国长期有海禁令，官方贸易又仅限于朝贡制度下的有限出入，中国的商人除了求之于走私一途外，别无其他方式可分沾白银贸易的巨大盈利。于是，15 世纪到 16 世纪，许多商家，包括安徽钱庄和东南沿海的豪势之家，都投资海外贸易。沿海的走私活动虽然非法，却相当公开，而且非常活跃。大致方式如下：有人在中国东南沿海收购丝绸、瓷器以及其他商货，再用小船转运到几个港口，如日本的平户、长崎和菲律宾的吕宋以及中国的澳门，再由西方大船收购转运至欧洲。同样，西方大船带来南洋商货、新大陆的白银以及其他商品，经过小船，转运进入中国。转运是非法的，只有一些冒险之徒敢于组织海上贸易集团牟取厚利。他们时时会遭到官兵的取缔，而他们也和日本的海上活动集团以及西班牙人、葡萄牙人、荷兰人的商团彼此利用，既合作，也竞争。

这些牟取厚利的海上活动集团，其存在是非法的，它们的性质是商人和海盗的混合。它们拥有武器，也有快速的船只。有时候，海上活动集团也劫掠村镇，掠取给养。在中国官方眼中，它们就是海盗和倭寇。称它们为倭寇，是因为日本浪人往往是其中的主力，但实际上中国人的走私集团也是其中颇为重要的组成。许多海上活动集团，其实是国际性的组织。中国历史上，明隆庆、万历年间，都曾大力清剿海盗，但也只换来局部和暂时的安静，沿海其实一直并不安定。

万历后期，明朝政府财政拮据，一些由太监领导的海外贸易单位，原本是处理朝贡贸易以及垄断有利的商品制造，这时也投入了这种有利可图的海上贸易，所以万历朝后半期，沿海的海上集团可以半公开地进行国际贸易了。一些较为强大的集团开始兼并小集团，成为大势力的海上力量。

郑成功将荷兰人赶出台湾

郑芝龙的海上势力，就是在这种背景下出现的。郑芝龙是福建人，很早就加入了海上活动，成为若干大集团（如颜思齐和李旦的集团）里的一分子。他在日本的平户，和日本的浪人集团也有密切的合作关系。他的妻子就是日本女子田中氏，他们生下了一个孩子，就是后来的“国姓爷”郑成功。李旦、郑芝龙的集团逐渐打败、合并了一些其他海上大势力（如刘香），成为东南沿海最大的一支海上力量。

那时，荷兰人已经在台湾的南端，即今天的安平到屏东之间建立了一个转口港。从巴达维亚[①]过来的大船，绕过大员进入今天的安平，收购中国的商货，也转运南洋的商货和白银，交给中国沿海的海上活动集团。

西班牙人在吕宋也建立了庞大的转运基地，那个港口比大员大多了。在17世纪的时候，吕宋是西班牙的属地，有好几万中国移民居住。东南亚各地、马来西亚各港口，以至于马拉加、马六甲，处处都有中国海上集团载去的华人，他们在那里落户生根。由于活跃的海上活动，华侨方才广

①巴达维亚：今天的雅加达，又名椰城，是印度尼西亚的首都，东南亚第一大城市，世界著名海港。

泛地分布于南洋。

据说从颜思齐时代开始，郑芝龙集团就在今天嘉义布袋地区开拓了一个聚落，从福建运去耕牛和壮丁，在那里生产粮食，也收罗当地的商货。荷兰人居住的大员，在 17 世纪中叶的时候，已经有数千华人。在台湾北部的基隆和淡水两个港口附近，西班牙人曾经建立基地，后又被荷兰人驱走。在这些基地，其实荷兰人口很少，反而有数以千计的华人，如鸡笼和沪尾（今日的基隆和淡水）都有数千华人的聚落。17 世纪时，福建人对台湾就已经非常熟悉了。

郑氏集团的船队飘扬着旗帜，纵横海洋。荷兰人和西班牙人必须与郑氏船队签订合约、预付货款，才能获得中国的商货，也才能将他们带来的商货运送到中国。这一海上势力，从郑芝龙时代开始，一直延伸到郑成功收复台湾，至少存续了半个世纪，俨然是东亚和南洋地区的海上帝国。清军入关，明朝覆亡。郑芝龙拥立唐王延续明朝，其子郑成功被赐国姓，号为“朱成功”，南洋一带遂称郑氏为“国姓爷”。郑芝龙投降清军，郑成功却继续恢复明朝廷的势力。他以闽南为基地，曾大举以水军攻袭南京，不幸大败，闽南也逐渐不保，遂转向台湾发展。郑氏的强大船队趁潮进入安平，荷兰人投降，退回巴达维亚。郑氏在台湾建立政权，其统治地区是嘉义以南到屏东的西部，并没有延伸至山地；在北部，他的政权也只在今天的鹿港、淡水、基隆各有小片的地区，设立官府。郑氏政权号令所及，还是以台湾南部为主。

郑氏在台湾建立统治政权

郑氏带到台湾的官员、兵丁和眷属，总数大约不过十万人，加上原来

17 世纪版画，郑成功与荷兰人在台湾海峡交战。“反清复明”失败后的郑成功转向台湾发展，他率领强大的船队，趁潮进入安平，与荷兰人展开激战。荷兰人投降，撤离台湾岛。

在台湾居住的汉族人口，应当有将近二十万人，这是当时移居台湾的总人口数。不过他们和海外各处华侨社会有密切来往，“国姓爷”的船只，经常有千百艘往来于东南亚海上。郑氏集团在大陆的贸易机制似乎依然存在，从浙江到广东，有金、木、水、火、土五个山商。所谓山商，就是陆地的商贩，他们是海商的代理行，在各地收购外销的商货，同时也分销海外运来的南洋和西洋商品。另有仁、义、礼、智、信五家商号，这些则是转运商货的船队。郑氏政权本身既是保护者，也是投资者。比如说，某个商队从郑氏政权的“户官”那儿领取经营资本，经营得利后，将利润保留一部分，本、利必须缴回户官。从这一方式可以瞻见，郑氏政权本身不仅是一个开拓台湾的行政系统，也是经营国际贸易的商业组织。

在台湾，郑氏的管理机制类似于封建制度：各个军事单位分别驻屯在各处。今天台湾的左营、燕巢（援剿）、前金（前劲），都是分驻各地的军事单位。这些单位的统帅和兵士，就在当地开垦。农产的收获，就是他们的生活经费，剩余的部分，上缴户官。在这种军事屯垦之下，兵丁逐渐等同于佃农，而军官则是领主。郑氏也授予特权，让垦拓的集团深入少数民族的地区开拓耕地。经过这些安排，少数民族的聚落也逐渐转化为郑氏政权下面的地方单位。

从上面的描述可知，郑氏集团实际上延续了过去海上集团武力垄断贸易的性质。“国姓延平王”的称号，则是表达郑成功复兴明室的使命感。郑成功的事业，应该说是以台湾为基地，以海上贸易取得资源，致力于华夏文化的延续。

康熙年间，清朝在沿海又设海禁，以防堵郑氏卷土重来。然而，清政府其实不能真正有效地执行新的海禁令。施琅、黄梧这些降将的船队，也不能摆脱海上活动集团的特质，他们依旧利用非法与合法之间的模糊地

郑成功部“漳州军饷”币。在台湾，郑氏的管理机制类似于封建制度。郑成功的事业，应该说是以台湾为基地，以海上贸易取得资源，致力于华夏文化的延续。

带，进行有厚利可图的海上贸易。1683 年，施琅的水师攻取台湾。郑氏政权灭亡后，他们的船队分散在各地，有些没有跟着郑氏投降清政府，其中一些归入了日本的九州岛诸藩，一些分散在海外各地，厚植了东南亚华侨的力量。这些分散各地的华侨人口究竟有多少，我们无法统计，只是今天东南亚各港口的华人社区，在居民的家谱或口述传承中，还常常有人提起是“国姓爷”的部下，也有一些地方对郑和的“郑”与郑成功的“郑”混淆不清，统称为“郑王”。

郑氏三代治台，在台湾岛内，逐渐建立了中国州县制度的行政系统；在康熙接收台湾以后，这一系统又并入福建遥领下的台湾。清领时代的情况，我们下一章再谈。

郑氏领台对大陆及台湾的深远影响

综合地讲，郑成功进入台湾的历史事件，应当看作中国长期从大陆向海洋发展的高峰。这一发展，在整个明朝不仅没有经过官方的许可，还受到官方的压制和打击，但居然连续数百年，将陆地的中国延伸到海上。其情势与西方人在海上大量开拓其实是类似的。无论是西方的发展还是中国的发展，其最大动力，都是美洲新大陆的贵金属流入旧大陆，使后者经济领域的资金大量增加。黄金和白银源源不断地从新大陆的矿山，经过高桅船，再经过海上集团，流到中国东南和南方的商家和农户——从作坊取得瓷器和日用商品、从农户取得生丝和绸缎。中国东南沿海的财富累积，成为这一地区发展的基础，促进了当地市镇的涌现，亦即东南地区的城市化。这些现象，乃是经济的发展、政治的发展和文化的发展，三者既有交错和重叠，也有抗拒和抵制。

这是经济全球化的重大转机，没有来自新大陆的贵金属，就不可能有这么活跃的太平洋贸易。台湾过去不在航道上，经过这一转变，忽然从一个不在航道上的岛屿，转化成航道的转运点。在上一章中，我们曾经说过，台湾进入中国历史，其开端既是商业性的，也是国际性的。郑氏在台湾的帝国，也是这一现象的深化和成长。

郑成功集团带到台湾的，除了少数本属于浙江鲁王①部下的东南忠义之士，其余绝大多数官员和军人都是海上活动集团的成员。虽然福建的泉州、福州文风昌盛，有“海滨邹鲁”之称，但那些海上集团的成员，却不在福建的高层文化圈内。郑氏政权的大臣，除了少数几人以外，都是惯于风涛的海上健儿，善于弄潮，不习读书。郑氏收复台湾，并没有将中国文化的精英与主流带到台湾。他们带去的一些文士曾经兴办书院，推广儒家教育，但是绩效不彰。

郑氏的部下，大部分比较娴熟于边缘社会的庶民文化。当然，中国庶民文化的基础，一向与精英文化有密切的关系。但是，一旦与精英文化脐带切断，庶民文化便不容易再有机会茁长为新的精英文化，所以郑氏统治的台湾，正如海外各地的华侨社会，其庶民特性非常强烈。庶民文化往往具有地方性的特色。在台湾生根的闽南文化，具有开拓社会常见的地区性和排他性。这一现象预伏在清领台湾的时期，更多移民陆续到达，就不免“分类”斗争。例如，泉漳、闽客之间的冲突，甚至，同一社群之内的小团体，为了争夺和维护利益，也不断地拼斗。

台湾作为中华民族汉人开拓的东南疆土，历史发展，其来有自，根源

①鲁王：即朱以海，崇祯十七年（1644）袭鲁王封爵。次年，清兵攻陷南京，张国维、钱肃乐等起兵浙东，拥其监国。同时，唐王在福建称帝，两政权互相倾轧。1646年，清兵攻取浙东，鲁王流亡海上，后病死于台湾。

久远；开拓过程中出现的若干特性，也决定了台湾一岛作为汉人建立的新社会，与母国的主流社会和上层统治阶层，难免有亲疏远近，不进行调节，甚至有时还会出现格格不入之窘态。

第三章

清政府的“移民”大开发

在短短两百多年间，台湾走过了
其他地区几千年的历史。

归入中央政权

郑成功在1661年进入台湾，建立政权；1683年，他的孙子郑克塽投降清政府，郑氏治台前后二十余年。那一段时期，进入台湾的汉人，如上一章所说，大约有十万人。当时全台湾原有的少数民族人口数量没有明确的数字，估计也不过十余万人。郑氏政权集中在南部，以今天台南为中心，南到屏东恒春，北面没有超过嘉义。这个台南平原上，平埔族[①]的人口，不会超过六万人。相当于这一人口两三倍的汉人，进行有组织的军事屯垦，分布在南台湾的各处，加上通婚与汉化，平埔族人和汉人当然很容易就融合成一体了。有一些平埔族撤向北面，或者撤向山地。二十多年下来，台湾南部地区的少数民族和汉人总人口，应当有二十余万。

清朝统治台湾以后，汉人屯垦才有了大规模的进展。到了1895年，台湾被割让给日本时，两百多年间，台湾人口从二十余万增加到三百万左右，增加了不止十倍。田亩的开辟由南到北，再由海岸线和港口，由点及

---

①平埔族：是对居住在台湾平野地区各南岛语系族群的泛称。这些族群在清代和日本占据台湾时期，被称为“平埔番”“熟番”等。至20世纪中叶，他们多已丧失族群意识，且不被官方认定为少数民族。后来台湾族群研究兴起，这些平地族群的历史才开始受到主流社会的关注。

面向内陆推展，开垦的土地面积也不止十倍。因此，台湾的整体开发，大部分是在清代治理台湾的时期逐步展开的。

在这两百多年间，清朝治理台湾，在南边设有台湾府，以及府下的南部三个县；在中部、北部也都设立州县；最后，台东也设立州治，台湾才有了一个整体的发展。这两百多年间，大陆的福建、广东两省大量居民移入台湾。但是，移入的过程，并不十分顺畅，因为清政府对台湾的官方政策，是防止台湾威胁大陆海岸甚于开发台湾。清康熙年间，清政府对于移民台湾就有所控制，不经申请许可，一般平民不许擅自进入台湾。整个两百多年的前半段，清政府对移民台湾的政策，有时禁止，有时局部性开放。自嘉庆以后，清政府才改变政策，准许大规模的移民入台。

亚太地区移民潮中的台湾开发

这个时期，全世界都出现了非常活跃的移民潮。欧洲的居民一批一批地进入新大陆、澳洲和新西兰，开发肥沃的土地。在东方，列强在太平洋各岛的殖民运动，已经远远超过了过去海盗和贸易的阶段，转变为开发当地的资源。也正是在这两百多年间，中国人大量向东南亚和美洲西部移民。移民台湾应当是这个大潮流的一部分。

不过，因为清政府对台湾的管束比较严厉，在整个亚太地区的移民潮中，移民台湾的现象反而不如移民东南亚的现象显著。举例说，18 世纪时，整个东南亚地区，列强的殖民地中都有大批华人移入。菲律宾、马来西亚、婆罗洲和印度尼西亚都是移民的重点地区。移民的来源，也是以广东、福建两省为主。早在郑成功时代，集中在今天马尼拉四周的，不少于六万之众。在今天的印度尼西亚、荷兰从前的殖民地巴达维亚附近，也有大量的华工。马来西亚的尖端马六甲，是一个非常繁荣的华人港口。在印度尼西亚的华工，甚至曾经组织过一个自治的团体，称为兰芳公司[①]，由三十余万华工形成相当独立的政权，最终被殖民当局用武力解散了。

这些现象都说明，华工移至各处是世界移民现象的一部分，他们在亚太地区以及美洲的西岸开垦土地、挖掘矿产、开垦田园，种植许多经济作物，如甘蔗、香蕉、烟草；开发矿产，如马来西亚的铜矿、美洲西岸的金矿。华人劳力扩散到整个太平洋地区，在发展近代世界经济网的过程中，担起了最辛苦的一部分工作。

如果没有清政府的约束和禁止，台湾的开发，由于地理的近便，应当更为迅速和彻底。只是，如前所述，清政府也担心，台湾可能成为反对中央政府的基地。台湾几次大规模的民变——朱一贵[②]、林爽文[③]、戴潮春[④]分别引发的三次乱事，使清政府十分警惕，很是防范台湾成为华南汉人反清复明的据点。于是，台湾的开拓脚步居然还不如华工向南洋地区扩张得那么迅速、那么大规模。

即使在清政府的约束之下，台湾的开拓还是在民间的主导下，一步一

---

①18世纪中叶，华侨在西婆罗洲建立的一个生产和自卫组织。1777年，华侨罗芳伯集合当时在东方律、坤甸、南巴哇、山口洋等地向土侯租赁山地开发金矿的一些小公司，以扩大“兰芳公司”，并称为“兰芳大统制”，其首领称“大唐客长”。目的是发展生产，同时抵制荷兰殖民者的掠夺。1886年为荷兰殖民者所灭。

②朱一贵（1690—1722），福建长泰人。康熙六十年（1721）夏率众起义，以反清复明为号召，人数发展到三十万，占领全台湾。后战败遇害。

③林爽文（1756—1788），原籍福建平和，迁居台湾彰化。乾隆四十九年（1784）参加天地会，后为彰化天地会首领。

④戴潮春（？—1864），领导“戴潮春事件”，该事件为台湾清治时期的三大民变之一，自1862年起事至1865年被平定，共历时四年。

步地推向北面，也推向内陆。最后一波开发是在18世纪末，漳州人吴沙[①]进入了兰阳平原（今天的宜兰），将原有当地人驱赶到后山，即中央山脉山区内部。那个时候，今天台湾的汉人居住地区的规模，基本上已经形成了。

开拓台湾的方式

汉人开拓台湾，基本上采取和移民东南亚相似的方式。华工移入东南亚和美洲，是有组织的。通常是由一个招募华工的团体，确定了劳力的需求，在闽、粤两省招雇劳力，集中运送到开拓的地区。开发台湾的劳力，也是遵循同样的模式进入台湾。在清朝政府约束移民的时候，这些活动是地下的。有一些和台湾有关系的人物，在闽南和闽、粤交界的地区招收劳工，偷渡进入台湾。由于政府的取缔，这种偷渡工作，不能堂而皇之地在港口进行，因此常在退潮时间，步行登陆。如果时间不巧，海水回涨，这些劳工只有葬身鱼腹。到了台湾，当时榛莽未辟，丛林和沼泽正是热带疾病孕育的温床。初到的劳工，生活条件十分恶劣，往往大批死亡。这些悲惨的遭遇，深深地铭刻在台湾民间的历史记忆中。台湾民俗信仰王爷，有一部分是瘟疫之神，有一部分是海难的牺牲者。王爷信仰遍及台湾，正是为纪念一批批在移民过程中牺牲的开拓者。

台湾逐步开放之后，有势力的人士就可以在福建或者广东，集股投资，招收劳工，在台湾开垦土地。例如，彰化地带的施家，由于是施琅的同族，有特殊的势力，便可以在尚未设立州县的地区大规模地开发土地。民间传

---

①吴沙（1731—1798），福建漳州漳浦县人，是汉人全面拓垦兰阳平原的领导者。

说，著名的施世榜就是开发彰化地区的重要人物。施家的八堡圳，是个大规模的水利系统，将早先还未开辟的彰化平原转变为渠道纵横的良田。

嘉庆以后，清政府开放了移民活动，有力量的人士就可以向政府申请开垦的特权——所谓“垦户”。得到了垦照，在官方特许的条件下，他们可驱迫当地少数民族，甚至夺取他们的土地，招纳大陆的“罗汉脚”（单身汉），大规模地开辟田园。在这些有势力的人士手上，台湾的土地制度发展为三级制：垦户是业主；第二级是从垦户手上分领土地的租户，他们领导劳工组成垦殖团体；在这些垦殖团体下面，才是劳动的佃户。垦户、租户、佃户三个阶级，分层拥有土地的所有权和使用权。那些垦户，领有垦照的势豪之家，可以拥有数万亩的土地，每年收的租税可以达到十几万石。这种土地制度，毋宁说是原始封建体制。那些大垦户俨然是一方诸侯，手下的人都是他的子民而已。

汉人与少数民族的融合

汉人从当地少数民族处取得土地，手段不一，有以武力强夺的，有以契约骗取的，有以廉价半哄半骗取得的，也有个别的例子，是经过婚姻关系取得继承权。当然，一些“番社[①]”的头目，往往也会和汉人合作，自己成为一个业户，招领汉人劳工开发土地，成为所谓“番头家”。无论哪种途径，都不可避免地会引起许多纠纷。今日在台湾各地，存有不少石碑，都是当年解决汉人与少数民族纠纷的见证。在解决汉人与少数民族纠纷的过程中，毋庸讳言，吃亏的都是少数民族。

---

①番社：高山族的村社。

英国《伦敦画报》1890 年 2 月的插图。描绘台湾岛上汉人与少数民族同乐的情景。汉人与少数民族之间常有纠纷，但另一方面，汉人又同化了少数民族。

另外，汉人同化了少数民族。到今天，很多当年的少数民族改了汉姓，甚至自认为是移民的后代，两者已经无法区分。只剩下一些小部落，保存了原来的风俗和语言。在早期平埔人同化为汉人的过程中，因为来台的劳工大多数是单身汉，即所谓的“罗汉脚”，他们往往和平埔的女子结合成立家庭，平埔人的血脉和汉人的血脉合二为一。这种族群之间通婚的现象，其实是人类发展史上不断发生的现象，没有一个民族的血统是单纯的。先来后到，居住地点犬牙交错，彼此同化，婚姻不断地进行，族群之间的基因，也就不断地混合，也说不上是谁吸收了谁，谁消灭了谁。

精耕农业被带入台湾

汉人在台湾的开发，最主要的是将精耕农业带入台湾，改变了少数民族粗放的农业。汉人的开发过程中，水利建设总是一个重要项目。前面所说的彰化八堡圳是一个具体的例子，我的母校台湾大学附近的瑠公圳——今天台北市东区的一个水利系统，是另一个例子。乾隆年间，垦户郭锡瑠开发了今天台北东区的庞大水利系统，而且跨越新店溪，连接大坪林一带的水利系统，将山地的水源引到了台北平原。台北平原在郁永河访问台北时代还是个大湖。这个被称为“康熙湖”的湖泊，可能是地震造成的。基隆河、淡水河以北地区，地势低洼，湖水无法到达地势稍高的基隆河南面。因此，居民才必须开辟瑠公圳灌溉系统，将山地的水源引入台北盆地的东面，并将附近若干淤积的沼泽逐渐抽干，将积水导入河流。

瑠公圳和八堡圳这种灌溉系统，都是汉人知识分子将大陆灌溉工程经验引入台湾，根据当地情况设计的庞大灌溉工程。另有一种系统，则是客家人发展出来的水利设计：山坡地和山坡台地的池塘。二三十年前，在

19 世纪末，台湾横跨景美溪的木制引水管。清乾隆五年（1740）由郭锡瑠独资兴建，于乾隆三十七年（1772）完工，原名“金合川圳”，后为纪念郭锡瑠而改称“瑠公圳”。

桃园地带，我们还能看见许多大小池塘分布在村庄附近，甚至在民宅的前面。这些池塘彼此以渠道相连，调节水流，储蓄积水，灌溉田地。

经过汉人屯垦者的这些努力，本来满地都是热带或亚热带植物的土地转化成熟田。一代又一代的汉人农夫，用长期累积的精耕细作经验，将台湾发展为一年多熟的稻米生产地。19 世纪初期以后，台湾生产的米粮，可以供给南到闽、粤两省，北到天津、北京的诸多地区。台北板桥林家[①]就曾经运送十几万石粮食，接济清末华北的粮荒。

除了稻米耕作以外，汉人也发展了蔗糖工业、驱牛拉磨、榨取蔗汁、制造食糖。在被日本占领以前，台湾糖已经是东南亚著名的食料商品。汉人也在内山煎樟树片炼取樟脑——一种很有价值的商品。在化学香料合成以前，樟脑是重要的香料来源，台湾的樟脑曾经是世界的重要产品。汉人从福建、广东引入茶种，在台湾的山地普遍开发茶园，焙制茶叶，运销世界各处。今天台湾的“包种茶”，就是那时英、美的茶商向台湾预订的茶叶，所谓“包种”即“预包、种植茶叶”的意思。包种茶以及台湾出产的乌龙茶，到今天还是世界名茶品种，只是今天台湾的茶产量，已经不能和印度的茶产量相抗衡。这些经济作物的开发，以及精耕农业生产的米粮，将台湾的产业在两三百年间，从新石器时代的水平，迅速地提升到了近代的水平。

族群特色鲜明的社会结构

开发台湾的汉人，主要来自三个原乡：福建的泉州、漳州和粤东的客

---

①板桥林家：林本源家族，为台湾五大家族之一，自台湾清治时期发迹于台北板桥。“林本源”并不是一个人的名字，而是板桥林家的“商号”。

家。泉州人因为和郑成功政权的特殊关系，来得最早。郑氏的基地在泉州，所以泉州人在台湾大多分布在沿海城镇及其附近的田地。漳州人来得比较晚，退而求其次，立足于内陆的平原。更晚到达开发台湾的一批漳州人，是转入宜兰的吴沙集团。客家人来得最晚，平原地带已经被福建人占据。于是，客家人不得不进入山坡和丘陵，分布在平原后面的台地。从今天的新竹、苗栗，延伸到高雄、屏东的山坡地，都是客家庄的分布地区。

这三大族群各有自己的分布地区。但在开发过程中，争夺资源在所难免，族群之间的斗争，往往升级为械斗。大规模的械斗可以牵动数万人，彼此仇杀，为时数月之久。闽客之斗、泉漳之斗，是台湾历史上常见的事件。其实，族群斗争，不仅限于这三大族群之间。上述三大族群，每个族群内部也有斗争。例如，台北地区，今天的万华和淡水，曾经有过两个商帮的斗争。其中一帮是和厦门做对渡贸易，另一个是和泉州（晋江）做对渡贸易。这两个商帮分别称为顶郊和下郊，顶郊和下郊的武装冲突也非常激烈。在台湾各个地区，都有地区性的族群斗争：城南、城北，或者这个姓与另外一个姓。所谓分类械斗，是台湾历史的特色。

台湾的宗教活动也和大小族群意识有关。例如，三山国王就是客家人的守护神，清水祖师、保济大帝分别是泉州人、漳州人的保护神。最大的保护神是妈祖，妈祖威灵超越所有的族群，成为华南的主要信仰。可是，一个族群的妈祖庙和另一个族群的妈祖庙之间，还是有所区隔。族群活动平常就以祭祀为中心，组织了巡境、分香等定期活动。这些活动将群众纳入组织，无事的时候，彼此帮忙，有事的时候，就结合成一个械斗的作战体。这种族群的分野，在今天台湾的民主选举活动中，还是相当重要的干扰因素。

20 世纪初，台北市板桥林本源庭园一景。此庭园为台湾保存最完整的园林建筑，原名“林本源园邸”，是清乾隆时期福建漳州籍豪商林氏的花园。台北板桥林家在清代以屯垦富甲一方，为台湾豪族之一。

台湾的大业户，在清代形成类似贵族的当地阶层。例如，板桥的林家，以屯垦富甲一方，曾经捐资修建台北城墙。台中的林家，太平天国运动时曾组织“台勇”，参加左宗棠的湘军，立了战功，在台中世代显赫，成为最大的家族。嘉义的王家，是嘉庆时代平定海盗的王得禄的后代，因为战功被封为子爵，乃是台湾历史上少见的有爵位的人家。新竹的郑家和彰化的施家，分别是和郑成功、施琅有家族渊源的大户人家，累世据有大片土地，也号称豪族。郑家和施家，子弟颇多科名，曾经合力调解客、闽械斗，促成两个族群组织“金广福[①]”，共同开发内山。这些大族俨然一方领主。因此，在清领时代，台湾的官府实际上权力有限。台湾由这些当地的大业户、地主、豪门把持，他们集合力量，发展了台湾，实际上也控制了台湾。这些现象在中国中原以外的开发历史上，各朝各代都有发生，台湾这一页历史，只是中国开发史上较为晚近的一段。

洋务运动在台湾

鸦片战争以后，列强纷纷要从中国这个古老的帝国抢取利益，中国的反应当然是要发愤图强。1840 年以后，列强纷纷对台有所企图。美国的佩里（Matthew C. Perry，1794—1858）曾经带领舰队，打开日本的门户。他也看中了基隆，曾经建议美国政府取得基隆，作为美国在东方的基地。美国政府却没有采纳他的建议。此外，法国、德国也都有过类似的打算。《天

①金广福：清道光十五年（1835），粤籍人士姜秀銮及闽籍人士林德修、周邦正在清政府的支持下，共同设立的闽、粤合股之武装拓垦组织（俗称“金广福大隘”或“金广福垦号”）。

1896 年，台湾亿载金城。位于台南市安南区南端，后称“大炮台”。“牡丹社事件”后，清政府为巩固海防聘请法籍工程师所修建。炮台四周有护城河，城门开向东南，城额“亿载金城”及城内“中流砥柱”字样为钦差大臣沈葆桢亲笔所题。

津条约》[1]以后，台南和沪尾（淡水）都被列入对外开放的港口，高雄、基隆也陆续成为开放港口。最严重的是 1874 年，日本制造“牡丹社事件[2]”，向台湾出兵，攻击今天屏东的牡丹社。1884 年，法国海军曾经炮轰基隆、沪尾。这一连串的事件，使得清政府不得不对台湾采取措施，在台湾进行了“洋务运动”，遂将现代文明带入台湾。从 1856 年到 1895 年的近四十年间，台湾的几位地方首领——沈葆桢、丁日昌和刘铭传，努力推进台湾的建设，他们前后推行的事情，包括架设电线、开辟山地、开拓道路。他们改进旧式的樟脑业、茶叶和制糖业等各种制造业。他们用新方法开采煤矿和硫黄。刘铭传更是致力于将台湾建设成现代的省份。在他手上，台湾成为大清帝国的一个行省，不再是隶属福建的一部分。刘铭传设计台北市的建设，可能是中国第一个有相当规模计划的都市建设。他系统地规划了台北市的街市和商店的规格。今天台湾习惯的店屋格局，还是延续着他的规划。他也计划建设从北到南的纵贯铁路，从基隆一直铺设到高雄。在他任内，虽只完成了台北到新竹一段，但也是中国自行兴建的第一条铁路。沈葆桢、丁日昌和刘铭传都致力于推动国防建设，在基隆、淡水、高雄等地设立了炮台和港口设施。台湾全省的电报系统，可能是中国第一个地区性的电力通信网。这些工作应该是台湾现代化的第一步。在整个东亚的现代化建设中，台湾地区的建设也是为时相当早的个例。

因此，清朝统治台湾的时期，是台湾历史上很重要的一个时期：台湾

---

①《天津条约》：1858 年清朝政府在第二次鸦片战争失败后，与美国、英国、法国和俄国在天津所签订的一系列不平等条约。

②牡丹社事件：因琉球王国船难者遭台湾少数民族杀害，1874 年日本出兵攻打台湾南部少数民族部落的军事行动，以及随后中日两国的外交折冲。这是日本自明治维新以来首次对外出兵，也是中国与日本在近代史上第一次重要的外交事件。

从一个对外没有太多交通的海岛，转变成太平洋西岸最早迈入现代文明的地区。在短短两百多年间，台湾走过了其他地区几千年的历史。台湾一方面快速地进入近代；另一方面由于发展太迅速，也保留了许多前近代的传统社会特色：族群的分类、斗争，以及豪强领导的类封建社会。这是一个看来吊诡的现象，却也让台湾此后的发展，能够比较易于接受现代事物。在后来日本占领台湾时期对台的建设，和第二次世界大战结束，台湾回归中国后，在艰难中依然有几十年的快速发展，其实这些都和本章所说的过程有相当的继承关系。历史毕竟不是空过的。

第四章

五十年的“殖民统治”

日本人不拿台湾人当日本人，而大陆人却以为台湾人是日本人，台湾人究竟是谁？

1895年，甲午战争爆发，中国战败。日本强索台湾，中国只能将其割让给对方。从此，日本占领台湾五十年之久。日本将台湾建设成一个供给粮食的基地，也是南进太平洋的前哨站。这五十年日本的治理，将刚刚踏入近代的清领台湾，发展成了一个几乎完全被日本同化的殖民地。在这一段时期，台湾的经济建设和相应的文化发展，使台湾进入了现代。日本治理台湾的时间长度，大约只有清代治理台湾的四分之一，但是，日本在台湾留下的烙印，却是非常深刻的。

清治台湾时期，文化土壤并不丰厚

回头看看，清领的两百多年，清政府是从郑氏政权手上接下了台湾岛屿。郑氏来台，保存华夏文化命脉于海外；孤臣孽子，其志可佩，其情可哀。在郑氏时代，台湾可以说是汉文化的最后据点。因此，郑氏以及他同时代的人物，在文化上心有归属。郑氏败亡以后，清朝治理台湾，官员将来台服务视为畏途，不愿久留。一拨一拨的移民进入台湾，从南到北，将台湾转化为一个闽、粤两系汉人的垦拓地区。在两百多年中，三次重大的民变——朱一贵、林爽文、戴潮春，都标榜着“反清复明”，也就是说，他们还有一种文化的认同和归属感。抗清的努力屡次失败，清廷更有意消除他们对汉文化的依恋。

另外，如上一章所述，族群分裂，泉州、漳州和客家彼此斗争，都想夺取最好的土地。在彼此竞争之中，更高一层的文化归属感，退让给追逐现实利益的族群分类意识。

两百多年来，台湾的社会是类似封建式的阶层化结构：垦首和垦户的大地主是一个阶层，“罗汉脚”雇农和佃农是另外一个阶层。站在优势地位的地主和大商人，其实并没有发展为中国大陆上的缙绅士大夫。这些地主生活优越、富有钱财，可以用自己的金钱换取官位，也可以组织自己领导的民众作为武装力量，在大陆建立军功。无论文、武哪一途，他们都是以财富换取社会地位，并不是以文化传播者的身份扮演社会精英的角色。台湾孤悬海外，在清朝末期实行新教育以前，地方教育都是由士绅们自己办理的。台湾上层阶层在这一方面，似乎并没有做到尽其经济实力的地步。在社会事业方面，也没有像大陆的地方领袖，经办养老济贫等社会工作。

台湾大部分的民众，本来在福建和广东就是贫而无助的“罗汉脚”，或是低收入的民众，他们迁移到台湾，带来的文化遗产并不丰厚。台湾的上、下阶层，在文化的发展上，并没有做过十分的努力；剩下来的，就只有在民俗宗教和戏剧歌曲方面有一些中国文化的底子，通过信仰的仪式、戏曲和说故事，传递于民间。这样的文化土壤，不会十分丰厚。再加上族群之间的分类斗争长期存在，分类的认同和归属感又是基于现实利益，往往超越了，也分散了文化的归属感和民族的认同。

日占台湾，官民的短暂抵抗

日本占领台湾，台湾的官民曾经有过非常短暂的抵抗，他们一度建立

1896 年，即台湾全岛及澎湖列岛被迫割让给日本后的第二年，日军搜捕台湾抗日义军。

了“台湾民主国”，但时间并不长久。许多富豪内渡大陆，一些地方上有功名的举人、秀才之辈，也都纷纷离去，回归福建原籍。台湾原本单薄的上层文化土壤，更因此流失殆尽。在这个基础上，日本用现代教育和经济建设，同化台湾人民，其实等于是在一片空地上建筑楼台，并不需要花多少时间，就铲除了原有的建筑物。

不过，至少在初期，台湾对日本殖民者的抵抗，还是非常激烈的。甲午割台，乙未抗战[①]，台湾的民众，至少死亡了五万人，而日本军队也折损不下万人。除了正式抵抗以外，还有许多日本警察以强压的手段，随时拘捕他们认为靠不住的分子。如当时的日本官员后藤新平[②]，就在 1898 年制定了匪徒刑罚令，将他们认为靠不住的台民都当作土匪惩处，成群地屠杀，有时数百人被聚集在一起，被机枪扫射，集体处死。这种恐怖的统治，也有强烈的震慑作用，使台民不敢再有抗日的想法。

日本初占台湾的时候，有许多日本的政治人物认为，这个疫疠流行的热带岛屿，不是日本人能够居住的。有人甚至建议，何不把台湾卖给西方国家，赚一笔现金算了。可是也有人认为，应当把台湾建设成为一个为日本生产粮食和工业原料的供给地。后藤新平这一批人，就是执行第二种选择的人物，将台湾建设成一个为日本供给米粮、食糖、果蔬、建筑木材，还有硫黄和樟脑的殖民地。日本本国的农夫遂从农田释放，转化为日本建设的大军，提供了日本工业化需要的大量劳力。因此，台湾岛的建设从殖民地的功能而论，对日本在明治以后，大正时代转变为初步的工业化国

---

①乙未抗战：又称“台日战争”，日本称为“台湾讨伐”或“征台之役”，是台湾军民为捍卫“台湾民主国”，而日军依《马关条约》为取得台湾所爆发的战争。

②后藤新平（1857—1929），甲午战争后任台湾民政长官、代行台湾总督。因其对中国台湾及东北的野蛮统治，可以称得上是日本侵华罪魁之一。

家，做出了相当的贡献。

日本在台湾的农业建设

日本人在台湾的建设，虽然有刘铭传留下的一些基础，但是在这一基础上百尺竿头更进一步，日本人发挥的作用也是不可否认的。从经济方面来说，日本在台湾尝试了堪称亚洲第一次的农业革命，推行的项目有：使用化肥、培育新品种、有计划地规划水利灌溉等工作，都具有划时代的意义。他们开设了新型糖厂，代替过去用牛力和人力操作的制糖方法。日本人拥有的几家制糖株式会社，广泛地种植甘蔗，榨制食糖，行销世界。台湾外销的农业加工品，食糖一项的收入占了大宗。凡此建设都使得台湾的民间实受其益。不过，这些措施颇多以台湾为实验性质，一旦犯了错误，台湾百姓先吃大亏。例如，日本当局推行一种稻米新品种，高产，却不能抗风，台湾全岛都奉命种这一品种。一次风灾，全台湾颗粒无收，百姓蒙受了极大损失。

台湾现代化农业生产，无论质和量都提高了许多，而且这些建设带动了农村社会的巨大变化。糖厂外围，因为有糖厂为中心，一部分的城市文化被带入农村，提高了农村的生活水平。嘉南平原上，乌山头水库这个大的水利系统，是日本工程师设计的。在日本占据期间，台湾全岛逐渐电气化，纵贯铁路修成，高雄、基隆两港开港，都是有一定影响的建设。日本的农业人口迁移到台湾东部屯垦，本来几乎全无建设的后山[1]，因此也有可观的变化。

---

①台湾东部昔日被称为“后山”。

日据时期，台湾明治制糖工厂（在今台南市隆田车站附近）

推行“国民教育”，移植西方文化

在教育方面，日本推行了“国民教育”，每一个儿童都要接受六年基础教育。在卫生方面，日本设立了卫生警察，专职监督民众在日常生活中注意公共卫生。严厉的公共卫生政策，使得一般人的生活环境变得清洁健康。日本推行现代的医疗制度，台北帝大①的医学院训练了许多本省的医生，在大城小镇照顾病人。

日本殖民当局，将刚从西方学来的法律应用于台湾，代替了中国传统的法律。当时，刑事警察的权威，几乎是绝对的。日本在台湾施行的刑罚，虽然严酷，但是基本上有法可据，而且不任意仗势欺人。

这许多建设，都是在后藤新平以及他的继任者——几个文人总督和文官，在日本占据台湾后逐步开展的。他们要在台湾建设一个模范殖民地。相对于日本在朝鲜的军事统治，日本在台湾推行的殖民统治采取了不同的方式。

在此基础上，日本带来了现代文化知识和现代化的生活形态，给台湾铺设了一层从西方经过日本，移植到台湾的世界近代文明光环。台湾的文化发展，就是经由这一途径，在文学、艺术各方面，都从日本间接引进了西方的文化传统。毋庸讳言，由于台湾不过是日本的文化边陲，虽然各方面的文化资源取自日本本土，但台湾文化能达到的水平，难免先天不足，而且很难有开拓创新的空间。

---

①台北帝大：台北帝国大学，第二次世界大战前夕，日本在国内及其殖民地设立了九所帝国大学，分别位于日本东京、京都、东北（仙台）、九州（福冈）、北海道（札幌）、大阪、名古屋，以及韩国京城（现首尔）和中国台北。台北帝大是1945年台湾光复后改制的台湾大学（台大）的前身。

1940 年，台北帝大医学部学生的实验教学。日本在台湾推行现代的医疗制度，台北帝大的医学院训练了许多本省的医生。

台湾人只是二等公民

日本占台，终究还是将台湾当作殖民地，台湾人民终究只是日本帝国的二等公民。日本的百姓在本土有选举权，日本却始终没有给台湾人一个民主的制度。不仅官员都是从外面派进来的，而且台湾民间也没有真正的选举议会。基层行政单位的一些代表，也并不都是选举产生的，有一大半是由官方指定。有些台湾的精英分子，是日本笼络的对象。台湾地区曾经有所谓“绅章制度”，由殖民地当局颁给地方领袖们佩戴的徽章，表彰他们的社会地位。用这一方法，日本的统治，遂获得了部分台湾地方领袖的接受。

可是，日本在台湾训练当地人才有一定的限制。台北帝大主要是为在台的日本人而设，台湾本地的优秀青年，反而必须到大陆求学。台湾人的职业选择，最多是律师和医生，文官、法官、高级技师和管理人员，都由日本人担任。日本殖民当局限制台湾人进入真正的社会领导阶层。例如，殖民当局只允许日本人的公司经营大规模的糖厂。糖厂对于提高台湾的经济生产能力确实有贡献，然而，对它外围的农村而言，它垄断了农民选择作物的权利，也独占了当地交通和其他资源的分配权。我到台湾之初，曾经在“战后”的糖厂居住过。从厂区的老工人那里得知：当年日本人的糖厂，并不仅仅是一个生产单位，实际上还兼具控制和管理的功能。这一类企业不会让台湾人经营，糖厂的技师和管理人员都是日本人，台湾人只不过是基层劳工而已。

台湾人能发展的，最多只是地方性的交通和农产加工企业，如运输、仓库、碾米、磨粉等地方性的小企业。其他重要的企业，日本人都不让台湾人经营。在台北帝大，台湾籍教授凤毛麟角，绝大多数教授都是从日本派来的学者。因此，在学术上，台湾同胞并没有机会发展到足以领导台湾文化建设的地步，也不可能领导台湾的舆论。

台湾人争取平等的努力

台湾同胞力争身份和权利的平等，也曾经有过多次努力和抵抗。1913年罗福星[①]领导的“苗栗事件[②]”、1915年余清芳[③]领导的“西来庵事件[④]”都失败了。后者又称“噍吧哖事件”，日本正规军镇压游击队，实行了集体大屠杀。除了这两次规模较大的民间起义之外，1930年，高山族民众也发起过“雾社事件[⑤]”，日本军队用大炮和毒气，镇压没有现代武器的少数民族。

台湾人民努力争取应有的权利，除了武装起义，还通过议会政策的途径和舆论的呼吁，以求获得比较公平的待遇。台湾文化协会就是一个例

---

①罗福星（1886—1914），祖籍广东嘉应州镇平县，客家人。为中国同盟会会员，曾经参与黄花岗起义，亦为台湾日占时期著名的抗日志士。

②苗栗事件：“罗福星事件”“台南关帝庙事件”“台中东势角事件”“新竹事件”“南投事件”的合称，这五次事件相继发生于1912年至1913年间。日本人将这五次抗日事件镇压后，合并处理，称为“苗栗事件”。

③余清芳（1879—1915），台湾屏东市人，1915年“西来庵事件”领导人。行动遭到日本殖民当局镇压，因人告密而被捕，后被日军在台南监狱处以绞刑。

④西来庵事件：又称“余清芳事件”“噍吧哖事件”或“玉井事件”，是发生于1915年的武力抗日事件，是台湾日占时期诸多起义之中规模最大、牺牲人数最多的一次，同时也是台湾人第一次以宗教力量抗日的重要事件，更是台湾汉人最后一次武装抗日。

⑤雾社事件：指1930年10月27日台湾雾社（在今南投）地区马赫坡、钵亚伦、荷戈、塔罗湾、罗多夫、斯库六个村社的高山族人民，为反对日本帝国主义的血腥统治，在莫那·鲁道的领导下掀起的一次大规模武装起义。起义战士消灭日本军警百余人，将雾社全区占领三天，后又转入深山继续战斗达两月之久。日本殖民当局调集驻台陆空军和大批武装警察残酷镇压，施放毒气，起义战士全部牺牲。

1930 年 10 月 27 日，台湾雾社高山族一千五百人举行抗日大起义，起义者砍死了包括日本县长在内的一百三十四名日本殖民统治者。图为雾社事件领导者莫那·鲁道酋长（中）、马赫坡首领摩那·罗达奥（右）。

子，他们曾经想用请愿的方式，为台湾同胞取得参政的权利。他们也力图争取发行自己的报纸和刊物，甚至尝试组织政党，如民众党，希望遵循现代各国民主运动的常规，争取参政的权利。20 世纪 20 年代，台湾民权的请愿不下十五次，然而，这些努力都以失败告终。日本终究没有赋予台湾人民合理的平等地位。

台湾人民和中国大陆的联系

1911 年辛亥革命后，中华民国成立了。大陆的革命运动，台湾同胞也曾经参与，如罗福星就曾经是孙中山革命党的党员，而且参与了广州起义。大陆的五四运动，也引起台湾的共鸣，像张我军①就曾经在台湾推行台湾的新文化运动，用汉语的白话文进行创作。

台湾人民和大陆的联系，其实不绝如缕，常有来往。大陆的著名人物，如改革和革命的领袖梁启超和孙中山，都访问过台湾，受到地方人士的热烈欢迎。台湾的一些精英人士，很多人在海峡两岸都有产业，来往居住。板桥林家在厦门有住宅，即著名的菽庄花园；林尔嘉②在福建投资了许多产业，是闽南有名的企业家。

也有一些人回到大陆发展事业，张我军、黄朝琴③、洪炎秋④等，不胜

---

①张我军（1902—1955），作家，台湾日占时期新旧文学论战的导火线引燃者。被称为“高举‘五四’火把回台的先觉者”。

②林尔嘉（1874—1951），本是厦门抗英名将陈胜元五子陈宗美的嫡长子，六岁时才过继给台湾板桥林家，是民国期间在闽、台两地颇负声望的人物之一。

③黄朝琴（1897—1972），台湾政治人物，为台湾 20 世纪 50 年代“半山”派的政治人物代表。

④洪炎秋（1899—1980），台湾早期作家。

枚举。连横[①]则将独子连震东[②]送回大陆，托人照顾，要儿子还是中国人。回大陆的台湾人，其实为数不少，他们常以闽南或客家祖籍为籍贯在大陆工作，这些人在台湾光复后回到台湾，被称为“半山[③]”。

抗日战争和太平洋战争爆发后，日本进一步加强了对台湾的控制，终于使得所有想要通过和平途径，争取台湾人政治平等权和文化自主权的努力，化为泡影。可是，当年争取台湾人权的运动，留下了种子。林献堂[④]、蒋渭水[⑤]……他们一脉相承，坚持为台湾老百姓争取民主权利。1945 年，台湾光复以后，这一系列运动，和本土的运动合流。这个留待下一章再讨论。

日本在台湾的“皇民化运动[⑥]”

日本五十年的殖民统治，在后半段发动了“皇民化运动”，愿意接受日本文化的台湾同胞，必须在日常生活中只用日语。殖民当局要求他们采

---

①连横（1878—1936），历史学家、诗人，台湾台南人。

②连震东（1904—1986），台湾政治人物，连横之子。

③第二次世界大战以后，台湾人称呼来自大陆的人为阿山，本地人为阿海。“半山”一词，则是指曾经居留大陆一段时间再返台的台湾人。就政治含义而言，所谓的半山必须是在大陆期间在国民政府或国民党党部系统内任职，以及在行动上拥护国民政府的人士。

④林献堂（1881—1956），原籍福建龙溪，是台湾中部大地主后代。是台湾日占时期非暴力反日人士中右派代表人物，被称为“台湾议会之父”，后因“二二八事件”遭国民党所忌，避居日本。

⑤蒋渭水（1891—1931），被视为最重要的日占时期反殖民运动的领袖。

⑥皇民化运动：日本化运动，指自甲午战争至第二次世界大战期间，日本改造朝鲜、琉球王国、台湾地区及中国东北居民，以使其对天皇与日本国家保有高度顺从的强制教化政策。

用新的日本姓氏，放弃原来的中国姓名。“皇民”必须放弃中国祭祀祖先的仪式，皈依神社的神道教[①]。到抗日战争时期，“皇民”家庭的人数，也不过是台湾人口的百分之七左右。太平洋战争爆发，日本需要台湾的人力支持，“皇民化运动”加速进行。1945年台湾光复，真正是“皇民”的台湾同胞人数，也不过占全部人口的百分之十而已。

在日本侵略中国的战争之中，日本人不太敢用台湾人在大陆作战；如果用台湾兵，也只是分散在各个日本的作战单位之中。但在太平洋战场上，日本就大量征用台湾人参军，最初担任辅助战士的台湾军夫，还不能算真正的日本军人，后来兵源越来越不够了，才将参军的台湾人纳入日军编制。台湾军夫和军人在南洋的表现，居然和日本人基本一样。

抗日战争时期，日本粮食不足，实行配给制度，台湾同胞能获得的配粮，只是在台日本人的一半，“皇民”可以得到介于日本人和台湾人之间的数量。这一粮食供应的差别，当然也使得许多台湾人被迫成为“皇民”，为了可以吃得饱一点。为了表现他们是“皇民”，他们往往比真正的日本人还要“日本人”。

第二次世界大战中台湾人民的屈辱与苦难

许多台湾同胞，尤其是医生，被征调到中国东北，为日本服务。1932

---

①神道教：日本固有的宗教，大致可分为神社神道、教派神道和民俗神道三大系统。崇拜多神，号称“天地神祇八百万”，而以崇拜代表太阳神的“天照大神”为中心，并尊之为日本民族的祖神。4世纪时以大和朝廷为中心、统一的奴隶制国家成立后，形成了比较完整的宗教体系。自称日本民族是“天孙民族”，天皇是“天照大神”的后裔，并且是其在人间的代表，皇统即神统。19世纪中叶明治维新后，日本建立了“神皇一致”“祭政一致”的“国家神道”。这种国家管理的神道体制，直到第二次世界大战结束后始告解体。

年，日本在东北成立伪满政权。在东北的台湾同胞，地位上比日本人低，可是比东北人高。这些奇怪的现象，使台湾同胞自己也弄不清自己究竟是哪种人了。《亚细亚的孤儿》[①]这本书，正是说明这种上不得、下不得的尴尬局面。日本人不拿台湾人当日本人，而大陆人却以为台湾人是日本人，台湾人究竟是谁？在作家吴浊流笔下，台湾人是亚细亚的孤儿。这种尴尬的局面，反映在台湾今天的文化归属和认同上，依旧是一个很大的问号。

日本占据台湾之初，台湾同胞群集在庙宇的广场上，听讲中国的古事、观赏民间的歌仔戏，欣赏中国文化中悲欢离合的故事。民间娱乐经由南管[②]、北管[③]，怀念原乡的生活。在日本的占据下，还有一些台湾读书人组织诗社，借吟古诗，尽量保持中国的文字和语言。中文的“书房[④]”是学习中国文化的地方。在日本推行普及教育之时，书房还是可以和学校教育互相补充的。这些努力都说明了，日本占据台湾五十年的前半段，台湾同胞还在尽力维持中国文化的命脉传承。可是，今天台湾已经摆脱日本统治六十多年了，台湾同胞的“哈日”却成为一时风气，历史的吊诡，的确常常令人感慨兴叹。

抗日战争后期，台湾同胞有一部分在南洋作战，埋骨异乡，永远不能回家。许多年轻人被征调到日本，参加日本的国防生产工作。甚至十五六

①《亚细亚的孤儿》(『**アジアの孤**』)：台湾作家吴浊流成名的长篇日文小说，成书于日占时期。小说叙述日本统治时期的台湾知识分子胡太明在台湾受日本殖民主义的欺压，到大陆后又不被认为是中国人而受到歧视。

②南管：通常指的是中国福建南音，即中国古代的一个音乐种类。

③北管：为 17 世纪至 20 世纪，台湾和闽南地区流传广远的传统音乐、歌曲及戏剧表演。借用中国北方音乐戏剧元素与官话（就是京剧称为中原音韵、中州韵的湖广话）而得名的北管，与使用南方音乐元素的南管互为对应。

④书房：中国古代私塾的另一种称呼。

岁的青年也被征发到日本，在日本的飞机工厂做工，补充日本的劳力不足。战争期间，美军轰炸台湾，台湾的铁路、公路、港口及各种工厂设施，都遭受严重的损害。当时，日本食粮不足，台湾同胞最多只能吃日本人配给食粮的一半。今天许多台湾的耆老，还能记得当年半饥饿的生活——这些都是悲剧！台湾无辜地被拉进了第二次世界大战，台湾人民蒙受的灾害历历在目。除了没有被“原爆[①]”的蕈状云笼罩以外，台湾人民在战时深受的苦难，全是为日本的帝国主义侵略拖累的。

台湾成为日本的殖民地，五十年中，从好的方面讲，是日本为台湾带来一些近代文明；从坏的方面讲，屈辱与苦难多于幸福。到了台湾回归中国以后，台湾人又面临一次身份的模糊和角色的混淆。这是下一章的故事了。

---

①指 1945 年发生在日本广岛、长崎的原子弹爆炸事件。

第五章

国民党“威权”统治台湾

台湾和大陆隔绝了数十年，台湾在小环境之内，虽然经历威权的时间长达二十五年到三十年，但居然能不断地进步和发展——这是台湾所有人的共同努力，不是历史的偶然。

1945年，十四年抗战结束，日本向同盟国投降。根据四大同盟国的协议，日本应当归还所有侵占其他国家的领土。于是台、澎地区归还中国，台湾光复。但是，当时大陆全面内战已经开始，国民党政府忙于大陆上的阋墙之争，也没有能力派遣足够的人力和军力，接收台湾。陈仪[①]遂因地利，奉命从福建接收台湾。

接收台湾的力量单薄

十四年抗战期间，福建不在主要的战线上，日军只占领了福建的几个主要城市，并没有占领全省。当时福建的管理情况是相当地方性的，中央政府在重庆，无法照顾到遥远的福建。陈仪在福建，俨然半独立，手上的资源也有限。他的军力是将各个地方性的团队和游击队组编为一个军的番号建成的，其装备和训练都不够正规军的规格。

陈仪带着如此一支部队进入台湾，实在是不适当的选择。台湾同胞在被日本殖民统治五十年之后，回归祖国，心里十分兴奋，大家一心以为，

---

①陈仪（1883—1950），浙江绍兴人。抗日战争胜利后，任台湾省行政长官兼警备总司令。1947年台湾“二二八事件”后引咎辞职，后调任浙江省政府主席。1949年初他曾规劝汤恩伯向解放军投诚，不久被免职并遭杀害。

1945 年 10 月 25 日，在台北公会堂（今中山堂）举行的中国战区台湾省受降典礼，陈仪为接受日军投降的主官。台湾从日寇统治下重回祖国。

从此可以摆脱二等国民的身份，成为堂堂正正的中华民国国民。当时全岛准备欢迎中华民国的国军，但是从码头上下来的，却是衣衫褴褛、装备粗劣、训练不足的一群军人。在台湾同胞的印象中，日本军队训练有素、装备精良，两者相比，对中国军队的形象，陡然大失所望。

1945 年到 1948 年间，台湾非常混乱。陈仪本身奉命接收台湾，是因为他跟日本关系非常密切，即所谓“日本通”。他和国民党中央的关系并不良好。居留台湾，中央鞭长莫及，他要求台湾一切都有特殊待遇，有自己的货币，有自己独立的行政权。他的政治理念，乃是在国共两党之间另辟蹊径，寻找社会主义与民族主义两者兼顾的方向。他的梦想，是使台湾在相当程度上隔离于中国本土的纷争，有机会实现他的理想。因此，他也拒绝中央派兵支持。于是，中央派来台湾的正规军，只有嘉义机场上的防卫部队和高雄的要塞部队。全台湾军队和警察的力量，其实非常单薄。

对国民党政权由失望到不满

当时陈仪四周的权力结构也非常混乱，有陈仪带来的福建省政府的班底，也有他从民社党（当时的一个小政党，成员都是知识分子，群众基础很小）邀请来的智囊团。当时国民党在台湾的组织，既有国民党的党部，也有三民主义青年团的组织，党和团两方面也在较劲。陈仪手下，还有许多来自大陆的技术人员，他们奉命来台接替日本技术人员。这几拨人马互不相属，各有各的系统，也不知道怎么配合工作。甚至技术人员中，电力和电信属于电信系统，糖厂属于经济系统，整个行政团队都没有整合为可以运作的系统。再加上民间有一批从大陆回归乡里的台籍人士，即所谓的“半山”，他们有的是在大后方担任公务员和教职的台籍人士；有的却是在大陆沦陷时担任“汉奸”工作，甚至在战时直接为日本工作的人。“半山”们离台已久，往往已没有当地的基业，回台以后，也要争取权力上的一席之地。这许多错综复杂的权力集团和个人，彼此斗争，争夺权力和资源。于是，陈仪的统治不仅漫无头绪，而且内部矛盾重重。

在这种背景下，接收人员的贪污腐败，也无从防止。只要手上有一点点权力，就有机会假公济私，从日本人离开后的空白中，捞取一些不当的利益。台湾同胞自然对接收台湾的国民党政权，由失望而不满，由不满而愤怒。

“二二八事件”的爆发

1947 年 2 月 28 日，台湾爆发了“二二八事件”。这个不幸的事件，在台湾“战后”历史上，处处可见其造成的伤痕。“二二八事件”本身是个偶发事故。烟酒公卖局的纠察员，抓到了一个贩卖私烟的小贩。双方争执之中，四周聚集了围观的群众。纠察员面对大批群众的包围，情急之下，拔枪示威，不幸打死了一个旁观者。一桩偶发事故酿成巨祸：大批群众涌向台湾省行政长官公署，包围抗议。公署的卫兵处理不善，开枪镇压，群众又有伤亡。于是，情势一发不可收拾，全省各地都有大批群众涌上街头示威，终于处处出现暴乱。街上的群众，见了不会闽南语的外省人，揪住就打。他们也侵入公家机关，殴打外省的职员。同时，暴乱也有另一面，许多外省籍人士得到台湾同胞的掩护。邻居、亲友、同事尽力将他们掩藏在自己的家里，避免遭到街上暴乱群众的殴打。

这次全省性的暴乱，究竟外省人死了多少？无法统计，保守的统计是数以千计的人无辜地被打死。这些暴乱的群众之中，大部分是从南洋回来

1947 年 2 月 28 日，“二二八事件”，抗议的台湾民众攻击台北公卖局，并抛出办公室物品，放火焚烧。

的本省军夫。他们参加了日本军队，真的自以为是日本的“皇军”了。败兵遣回，他们在台湾没有职业，也不知道自己究竟是日本人还是中国人。看见新来接收的政权非常腐败，他们自是满腔愤怒，群起斗殴。乱事持续了几天，各地的本省士绅纷纷组织团体，维持地方安全，暂时让情势安定下来。他们也向陈仪和国民政府提出要求，让台湾高度自治，要求政府不再派外省人治理台湾。这些人的要求，实际上是相当理性平和的，也延续了日据时代他们不断提出参加议会政治的努力。但陈仪向南京政府送交的报告，却是夸大其词，称暴动为“叛乱”。当时，国民党政府正在内战，情势十分紧张，听了陈仪的报告也信以为真：台湾发生了叛乱。于是，国民政府派军队镇压。

在镇压部队来以前，台湾也已经有几支自己组织起来的军队，其中有两支主要部队：一支是在嘉义附近，由台共谢雪红组织当地青年，从警察局夺取枪械，与嘉义飞机场的守卫部队作战。他们也盼望日月潭等处的山地少数民族下来增援，但是，少数民族并没有下山支持。这支部队持续了相当长久的战斗，最后在埔里寡不敌众，宣布自动解散。另一支为在高雄聚集的群众，也是以回台军夫为主要成员，占据高雄中学及附近的据点，和高雄要塞司令部的部队对峙。其他地方实际上并没有组织的行动，无非街上的暴民群起扰乱。

“二二八事件”对台湾造成的伤害

镇压的部队到达后，从基隆、高雄两地登岸。来的部队不会讲闽南语，沿路军车行进时，警告路旁的群众待在原地，不要跑到路边。但是这种扩音机的善意警告，台湾农夫听不懂，反而往公路上奔跑。于是，行军中的部队开枪射击，也造成相当的伤亡。

到混乱逐渐平息，不再有大规模的动乱时，台湾地方当局开始肃清“乱民”。清理之举，往往严苛；又加上有些人公报私仇，趁乱报怨、告密。有人开了名单，送交台湾地方当局，也有人冒充军警，私自绑架，杀害无辜。各个特务和军警单位的工作范围也不明确，各自为政，逮捕他们以为是乱民的人物。在极为混乱的状态下，受到损害最大的是各地组织治安维持委员会的地方精英，他们被陈仪当作叛乱的领袖。在这种情况下，数百位台湾地方精英无辜被害，有的失踪，有的被捕。这些台湾各地精英的牺牲，是“二二八事件”对台湾造成的最大伤害。

“二二八事件”究竟死了多少人，到今天还没定论，说多的，多到三五万人；说少的，少到一两千人。受害者之中，其实也应当包括在街上被殴打致死的大陆人士，但一般的统计，却没有将他们列入。台湾解除戒严以后，20 世纪 90 年代曾经由当局设立专门单位，接收受难同胞的申请赔偿。二十年来，申请的人数也就两千多人。但是许多台湾同胞并不认为这个数字准确，不少人认为，应当还有更多没申报的受害人。

一个人死亡就不能复生，牺牲一个无辜的人士，就是不可饶恕的伤害。但是，也不能够将整个事件的规模，夸张成原来可能发生的许多倍。“二二八事件”的伤痕，到今天都没法愈合。

威权政治的阴影

1946 年底，《中华民国宪法》通过了，中华民国从所谓的“训政时期”进入“宪政时期”。但是国共分裂，在随后的战争中，国民党军队逐渐处于劣势。1949 年，代理总统李宗仁逃往美国，原本已经宣告下野的中华民

1947 年，“二二八事件”后，南京政府派国防部长白崇禧（中）来台宣抚，监察院亦派特使杨亮功来台调查事件的前因后果。不过在台的军政官员多将暴乱原因归至“奸匪鼓动”“台湾同胞不了解祖国的情形”等，其实，未正视光复后的种种施政不得人心才是问题所在。

国总统蒋中正，在台湾复行视事。1949 年以后，国民党能够治理的疆域，就剩下一个新回归的省份台湾。这一段历史牵动的种种矛盾，六十年来无法适当地解决。

下面关于台湾的故事，我们应当分成两章来讨论：一章是 1949 年、1950 年，一直到 20 世纪 70 年代，台湾的改革开放；一章是台湾在改革开放以后，发展经济和进行民主化的过程。

从 1949 年开始到解严[①]为止，台湾的政治结构是特殊时代的特殊安排。一方面，蒋氏政权必须依靠大陆上选出来的“国民大会”和“立法机构”，以不断延长“万年国会[②]”的方式，维持其政权的合法性；另一方面，又要以戡乱时期的非常条例，以威权体制，维持政权的稳定。一方面，它要排除台湾本身的不安定因素；另一方面，又要防止大陆渗透台湾，在台湾内部造成颠覆。在威权体制之下，军警和特务的权力是极大的，只需经过军法和戒严时期的相关条例，他们就可以拘捕所谓的“可疑人物”。

在这一段“白色恐怖”时期，威权的阴影笼罩着所有地方。威权时期，虽然大陆来台人士和台湾本地人士都有人受害，但前者可能比后者面临更多的伤害。所谓政治犯，很大一部分是蒋氏军警认为靠不住的分子，他们被称为“异议分子”，其中以外省知识分子居多。甚至，有些人仅是因为有共产党嫌疑，或亲友有共产党嫌疑，就被逮捕。台湾同胞之中有本土意识

---

①从 1949 年开始，根据国民党《动员戡乱时期临时条款》，为了“抵抗共产主义”，时任台湾省主席的陈诚宣布在台湾地区实行戒严，至 1987 年蒋经国宣布同年 7 月 15 日起解严为止，共持续 38 年 56 天之久。在台湾历史上，此戒严令实行的时期又被称为“戒严时代”或“戒严时期”。

②指国民党在 1947 年选出的第一届“国民大会代表”“立法委员”“监察委员”等“中央民意代表”。此届“中央民意代表”直到 1992 年才全面改选，因此遭到民主派及反对派人士讥评，称为“万年国会”。

1946 年 10 月，蒋介石偕同宋美龄首次飞抵台湾。

的，则被称为“分裂分子”，往往也会受到迫害，因为台湾本身的“独立运动”或“本土化运动”，都会威胁到蒋中正带来的国民党政权的合法性。

二十五年之久，威权政治虽然有逐渐减弱的趋势，但其阴影却从未消失。遭受厄运的人，往往不经正常程序，就被情治单位拘捕，有些人从此被长期监禁，有些人丧失性命。那一段时期，以我所见所闻，著名的冤狱有雷震[1]、孙立人[2]、柏杨[3]、余登发[4]等人，都是因莫须有的罪名，失去自由。大多数蒙冤受害者，可能因为言辞不慎，或者被人诬告，或者因为亲友犯了事无故被牵连，甚至，只因为参加一些社团，如学校中的合唱团、读书会，就被当作可疑分子。绿岛（火烧岛）拘留的人犯，大多是如此无辜蒙难的。二十五年来，白色恐怖的受害者，为数也以千计。

台湾推行“普通话运动”

台湾光复后，当局推行“普通话运动”，原来的构想并无恶意，结果

---

①雷震（1897—1979），国民党内的开明人士。1949年去台湾后，与胡适等人创办《自由中国》杂志，尖锐地批评国民党政治、军事、经济方面的腐败现象。1960年，台湾当局以“包庇匪谍”“知匪不报”等罪名逮捕了雷震，随即由军事机关判处有期徒刑十年。“雷震案”在台湾内外引起强烈反响。

②孙立人（1900—1990），抗战名将，曾任台湾“陆军总司令”兼“保安司令”。其间，孙立人大事改革，影响到蒋介石及其子蒋经国对军队的控制。1955年8月，蒋介石制造所谓的“兵谏”案，以莫须有罪名将其软禁，直到1988年5月方才解除。

③柏杨（1920—2008），原名郭定生，1960年开始以笔名“柏杨”撰写杂文，批判中国传统文化、民族性格的病态以及台湾社会的黑暗面。1968年被捕入狱，长期囚禁于绿岛。1977年重获自由。代表作有《中国人史纲》《柏杨版资治通鉴》《丑陋的中国人》等。

④余登发（1904—1989），台湾地区的政治人物，被称为“台湾野生的政治家”，也是台湾地区第一位非国民党籍县市长。1979年，余登发与其子余瑞言因“涉嫌参与匪谍吴泰安叛乱”罪名遭逮捕。

绿岛是国民党关押政治犯的地方。图为 1954 年 4 月，国民党设于台东绿岛的政治犯监狱里，政治犯开“小组讨论会”，每一名犯人都要表态。

却在无意中造成台湾本土观念对民族认同的文化抵拒。陈仪接收台湾以后，有一批所谓“半山”致力于推动“普通话运动”。他们的本意，是认为台湾族群之间有方言的隔阂，应有一个大家可以交流的普通话作为日常语言。但推行“普通话运动”，又和日本殖民时代推行日语有些类似，勾起台湾同胞当初被迫使用日语的痛苦回忆。

推行“普通话运动”在台湾非常成功，今天几乎每一个台湾同胞都会说普通话，但付出的代价也是沉重的：不断引发台湾部分人的抵触，因为他们必须放弃方言，学习一种完全陌生的语言。本来用意不恶的政策，因操之过急，以致一些人在公众场合，有不能开口的窘态。这种心理上造成的不适，并不比威权体制本身造成的不适少。

台湾民主化运动的第一步

政治体制方面，既然已经实行“宪政”，台湾也必须实行民主选举。1947 年，台湾已经选出“国民大会”代表。1948 年，台湾开始选举乡镇和县市民意代表，慢慢推广到选举省议会、县市长。这些工作在日占时期是不可能做到的。在日据时期，台湾同胞至少发起过十五次请愿，要求台湾开展民主化和自治的选举活动，十五次都不能得到日本殖民政府的响应，而在威权制度之下，台湾居然开展了地方性选举。

这种地方性选举，却也有它的后遗症。威权体制下的选举，不会公平公开；党政合一的政治文化，一定是国民党完全控制地方。不仅选举过程有瑕疵，而且选出来的也一定是地方豪强，以及愿意和国民党政权合作的人士。这样的地方选举，使得此后的台湾民主化进程，经常会受地方派系干扰。在威权时代，虽然完整的民主体制并不能顺利实行，但比起日据时代，至少是跨进了一大步。“立法委员”的选举和“国民大会”的选举，使台湾若干精英进入民意机构；县市长的选举，也确实使许多当年向日本要求民主化的台湾人士，能够通过地方选举得到一定的位置。这些民主化的种子，要在改革开放以后，才能逐渐生根发芽。

台湾农业的发展与调整

台湾光复以后的前二十几年中，经济得以发展，最值得注意的，乃是农村产权结构和农业发展水平有了一次同步的改变。这一次整盘的调整，由农村生产关系的调整开始。20 世纪 50 年代初期，当局实行“三七五减租”政策。占农业人口中最大部分的佃农，按照习惯，须向地主缴纳 50% 的收获所得，作为租地的租金，“三七五减租”政策实施后，佃农只需缴纳 37.5% 的所得，租金减了四分之一。紧接着，又推行“耕者有其田”政策，将日本殖民时期留下的产业股权，分配给地主，补偿地主，换取土地的所有权；领耕地的佃户，则以分期付款的方式，承购他们正在耕种的田地，成为自耕农。

同时，当局通过“农复会[①]”的工作，给予农民技术上的协助：辅导农民获得育种、施肥和耕种技术，也推广使用化肥和杀虫剂。日占时期已经有过第一波农业革命，经过 20 世纪 50 年代、60 年代农复会的工作，台湾农业又有一次跃进，农业产量和农户收入都有大幅增长。台湾不仅走出

① 农复会：“中国农村复兴联合委员会”的简称。1948 年，由政府援资成立的农复会创建于南京，1965 年在台北终止运作。在此期间，农复会作为我国台湾地区与美国政府的联合机构持续运作，其目标在于以中国农村复兴工作重建中国社会。农复会成立后不久，随蒋介石政权迁移台湾，其工作亦转为协助台湾进行土地改革。

1951 年台湾台中近郊农民在稻田中收获稻谷。20 世纪 50 年代，当局施行“三七五减租”“耕者有其田”政策，加上农复会的工作，台湾农业有了一次大的跃进。

了太平洋战争以来粮食不足的困境，而且果、蔬、蔗糖等农产品的产量增加，使农民的收入提高很多。

配合农民收入的增加，农复会也在农村有系统地整理水会、农会和信用组合，使农民在融资和储蓄方面都有适当的途径，不必再像过去一样借高利贷。

到了 20 世纪 60 年代，台湾基本上已有相当繁荣的农业经济，农户的购买力大了，消费的需求也相应地提高了。经过官方的计划和补助，有许多新的轻工业，在台湾满足了日常市场的需求。经济逐渐扩张，内销市场培养了更大的生产能力；紧接着，台湾开始有能力将工业产品外销，换取外汇，增加台湾本身的财富。

这一农业结构的多重改变，将台湾长期以来形成的农村社会，由类封建的阶段转变到个体小农的自主阶段，自给自足之外，还可以进行农业以外的经济行为，成为市场趋向的农业。

农村本身的社会结构，也因教育的普及得到巨大的改变。在 20 世纪 60 年代，一般的教育已经从六年提升到九年。教育的底盘扩大，更上一层，台湾也增加了各种大专院校。日占时期，台湾只有台北帝大，到了 70 年代，几乎每一个县市都有公私院校，这使台湾的整体教育水平大幅度地提升了。

来台的大陆精英帮助台湾发展

回头来看，四分之一世纪的发展，台湾走过了一段相当独特的历程。这是历史的吊诡。假如没有威权体制，地主们不会轻易地放弃他们的土地；假如这个政权是在台湾本地土生土长发展起来的，台湾的精英，也就是本来高高在上的社会上层，未必会注意到如何提升基层农民的生活。为了政权的稳定，在财政实际十分拮据的状态下，当局既要顾全军事，又要顾全台湾的建设以博取人心。威权政治当然不可取：政治不民主，生活无自由。但在经济方面，却因为官方权力的集中，可以强力地改变原来的社会结构，重新分配资源。

台湾发展的过程中，还有另外一个特殊条件：当局的工作人员和社会的上层之中，有不少人才是从大陆撤退来台的。他们是来自城市的文化、科技和学术精英，其总数大概不及当时大陆整体精英的十分之一。但这十分之一的精英，融入一个人口相当于大陆百分之一的台湾，其发挥的作用，就和当年集中在宁、沪、平、津的情况完全不一样了。这些人贡献一切，帮助台湾进行各方面的发展。由于他们和本地精英的共同努力，使得威权体制之下，台湾在文化、学术以及经济发展各个方面，都有可观的发展。也是这些人，训练了台湾本土的青年，使台湾能够具有日据时代从来没有的高素质人口。

在这种背景之下，此后四分之一世纪，台湾才能逐步走向改革开放，推动本土化。到了第三个四分之一世纪的时代，来台的大陆精英实际上已经逐渐隐入历史。他们的接班者，是在台湾成长的新一代。那些新的一代已经不能再划分为大陆人或台湾人，他们努力在台湾进行改革，将威权政治开放，使台湾走向民主化。台湾和大陆隔绝了数十年，台湾在小环境之内，虽然经历威权的时间长达二十五年到三十年，但居然能不断地进步和发展——这是台湾所有人的共同努力，不是历史的偶然。

第六章

走向政治民主、经济腾飞的新时代

台湾的民主化如果不能有所突破，两党之间就难有理性的竞争，正常的施政也难以推行。

从 1949 年国民党政府迁来台湾，到 20 世纪 70 年代，二十年之间，世界局势不断变化。朝鲜战争爆发，美国和台湾关系密切；朝鲜战争结束，世界两大阵营的冷战方兴未艾。那时，台湾并不处在两个阵营冲突的焦点，大陆在发展的过程中，也经历了一些起伏，一时顾不到台湾，于是台湾有了一段喘息的时间。台湾本身呢，蒋介石那一代人重返大陆的希望，后来逐渐成了遥不可及的美梦。于是，海峡两岸基本上处于一个对峙而不冲突的局面。我的愿望是：璧合之前须有珠联，镜圆之后还待金镶，其间必有一个过程，一个秉承善意和理性、彼此相处的过程。

台湾应对新时期的政治结构调整

台湾有将近二十年的时间逐渐进行内部调整，以适应在台久居的形势。二十年来，蒋介石自己和选他出来的民意代表、“国民大会”以及监督行政管理机构的民意代表们都垂垂老去。原有的机制很难维持“法统”的长存，无穷的“国祚”不能依靠有限的人寿继续下去。

根据台湾有关选举的规定，地方各级的民意代表和县市长也要经过民选产生。二十年来，在这一制度下，台湾人民已经熟悉如何遵守民主选举的规则，选出自己的民意代表和地方首长。台湾经历这个过程，获得的经验是复杂的：一方面，台湾延续了长期以来地方豪强的影响力，以及族群彼此间的分野；选举因此往往不是凭借着政见，而是凭借着归属和认同，以及地方利益的划分，这一民主基础其实并不理想。另一方面，民众对选举程序已经很娴熟，新一代的民众已经知道应该如何摆脱过去的习惯，用理念作为选举的诉求。而且，在这一时期，还是有一些国民党以外的候选人，经过民选而踏入政治领域。例如，台北市的市长高玉树和国民党并无渊源，也能高票当选。他是一个很优秀的市政专家，今天台北市的很多建设，在他那时已经有所规划和实现。

在民意代表方面，当局采取了一个过渡的办法：大陆时代选出的民意代表固然留任，以维持“法统”；台湾地区本身则按照人口比例，根据规定，定期选出应有的代表。这是所谓“增、补选”条款，逐渐调整原有的民意机构成分。台湾地区新当选的民意代表中，国民党支持一些候选人，包括地方上有名望的人士，也包括国民党的党工。这些人挟国民党的优势和资源，当然有较多机会当选。还有一些是本省长期参与民主运动的地方首领，也颇有人当选。当时的民意代表，如郭雨新①、许世贤②等，这些人当选，在国民党心中是大出意外的；既然已成事实，这些人的影响逐渐增大。而且，他们的当选鼓励了台湾的有志之士，通过民主选举的渠道进入政治领域，发挥应有的影响力。经过新陈代谢，参加增、补选举产生的当地代表、民意机构的成员比率，终于占议会的大多数，改变了原来“万年国会”的结构。

---

①郭雨新（1908—1985），台湾宜兰人，党外运动元老之一，被称为“党外祖师爷”。

②许世贤（1908—1983），出生于台湾省台南市，是台湾第一位女博士、女县市长，有“嘉义妈祖婆”美名，也是嘉义政坛“许家班”的开山始祖。

民主运动的兴起

日占时期，台湾的民主运动其实已经开始，林献堂等人，如上一章所说，经过十余次的请愿，希望日本政府赋予台湾百姓民选代表的权利。他们的请愿没有成功，这批争取台湾民权的地方领袖，此时为争取民权重新努力。不久，林献堂去了日本，不再回台湾。郭雨新、李万居等人还继续为台湾人民争取民主的权利。因此，台湾民间已有一股蓄势待发的力量，经过不同的途径，为台湾人民争取民主的权利。

20 世纪 60 年代开始，国民党政权的结构逐渐改变。蒋介石老了，国民党的上一代人物也都老了，蒋经国随侍其父，身在权力中心，成为蒋介石最信任的左右手。

他的职务由“政战首长”晋升为防务部门负责人，然后又转往经建会①，升任行政管理机构副主管，辅佐严家淦②。他已经掌握了军事和经济两方面的实权。1975 年，蒋介石去世，严家淦接任，蒋经国担任行政机构负责人，握有行政大权。1978 年，他接替严家淦，直到 1988 年去世，他主导台湾发展，因应内外变化，也有十四年之久。在蒋经国任期的后半段，也就是他权力巅峰的时代，台湾内部最重要的改变，乃是经济的市场化和国际化。讨论台湾政治结构和社会结构的改变，也都必须从经济结构改变的角度，才能理解相应的关系。

20 世纪 60 年代以后，台湾已经有一批人士投入民主活动。他们可以

---

①经建会：行政管理机构经济建设委员会的简称，台湾行政管理机构辖属的政府机构，是推动经济发展的专责机构，也是策划台湾地区发展走向的主要幕僚单位。

②严家淦（1905—1993），江苏吴县（今苏州）人，1975 年蒋介石去世后，继任台湾当局领导人。1978 年后，任“中华文化复兴运动推行委员会”会长。

分成两类，一类是大陆来台的自由知识分子，他们从大陆时代开始，就深信人民参政的权利是民权的一部分。在大陆，他们也已经对国民党威权体制有深切的不满。另一类就是在台湾成长，延续日占时期民主运动的人士，也可以说是本土民主运动的第二代。这两股力量本来是各走各的路。前者——大陆来台的知识分子，如上章已经说过，以雷震和殷海光[①]等人办的《自由中国》为最重要的舆论园地。后来政府压制，封了杂志，雷震入狱，但这些民主的诉求并没因此死亡，在新闻界和学术界，民主诉求的声音仍旧不断出现。这批人基本上都是大陆来台人士，或台湾成长的青年学生。台湾本土民主运动的推动者，在"二二八事件"和白色恐怖时期以后，还没有立刻冒出头来，只在群众之间默默地活动。可是，新一代的政治活动者已经在成长了。

到了20世纪60年代晚期至70年代初期，这两股力量，也就是大陆来台的青年人和本地成长的民主运动者逐渐合流。大学师生合力办的一些杂志，如《台大青年》《大学杂志》《文星》等在各处流传。台湾经济开始飞速发展，有了市场需要，两家民营报纸——《联合报》和《中国时报》，成长为主要的新闻媒体，并逐渐发展为公众舆论的论坛。海外和台湾的学者们在这些报刊上实时发表论文。

1969年，康宁祥[②]当选为台北市议员；1972年，再由台北市议员当

---

①殷海光（1919—1969），湖北黄冈人，毕业于西南联大哲学系，先后任金陵大学副教授和《中央日报》主笔。1949年到台湾，任台湾大学哲学系教授，兼《自由中国》杂志编委。他深受罗素思想影响，抨击中国传统文化，提倡科学、自由、民主。20世纪60年代初发动文化保守主义的批评，掀起一股自由主义的思潮。主要著作有《中国文化的展望》《思想与文化》《自由的伦理基础》等。

②康宁祥（1938—　），历任台北市议会议员、台湾立法机构增额民意代表，先后创办《台湾政论》《八十年代》《亚洲人》《暖流》等杂志。

1952 年 11 月，台湾《自由中国》创刊三周年纪念并欢迎胡适餐会。

选为民意代表。这应当是新一波民主运动的初试啼声。有许多不在国民党内的政治活动人物逐渐结合，被称为“党外”，俨然是一个不具名的政治团体。当时，大陆来台的外省青年人大多在言论方面努力鼓吹民主化；本地成长的运动者，则有不少投身实际的地方政治活动。在这一基础上，孕育了十几年后，才出现了民进党。台湾的政治结构是在默默之中逐渐转变的。

蒋经国开启民主政治革新之旅

20 世纪 70 年代，台湾地区的国际地位陡然变化。此前二十余年，台湾仍能以“中华民国”的名义保持联合国的席位，这一席位在 1971 年 10 月丧失。同时，钓鱼岛的主权问题引发了海外中国人的民族主义情绪。海外华侨，尤其是知识分子，转变了认同方向，这些转变，对台湾的确造成了重大的影响。台湾当局不能再依靠联合国席位或“法统”的延续，作为政权合法性的依据。蒋经国清楚地认识到，台湾的存在和发展，必须建立在人民的拥护上，发展自身，自求多福。

本省人争取民主，要求“当家做主”的意愿已不是国民党可以压制的了。大陆来台的学者和青年们，绝大多数也投入了为台湾争取民主的活动中。于是，国民党当局必须致力于疏散民怨——逐步开放选举，就是一种疏散民怨的方式。这一态度和政策的转变，为台湾换得了二十年的渐进蜕变，也正是在疏散压力的过程中，台湾在经济、政治各方面，都可以和缓地有所作为。

在政权的基本性质方面，蒋经国着力之处，是改变军队的归属。台湾现代的军队，不仅在装备上，更重要的是在组织上得到美国的援助，得以不断改进。数十年的内战，将领拥兵自重。在蒋经国执掌军权的时代，军队逐渐从国民党手中转移到台湾地方政府手中。又实行普遍征兵制，征来的青年经过军训，组成军队的基层，将领不能再拥有军队。蒋经国也重组情治单位，将情治单位统一，成为安全系统下面的调查局和军调局。通过这些努力，一方面是蒋经国利用这些渠道掌握了主导权；另一方面是军队和情治机关正常化，归属当局，而不再属于“领袖”或政党。这一系列的改革，使得任何领导者都不能再倚仗枪杆和警棒紧握政权。

“十大建设”引领经济腾飞

快要进入 20 世纪 70 年代，台湾的经济固然已经有所好转（如上章所述，耕者有其田和轻工业的发展，让台湾已经有将内销市场转变为外销的可能），但力量还是相当薄弱。当时居民收入不过几千美元而已，当局仰赖外援，自己的库存并不丰厚。传闻说，蒋介石从大陆带来几吨黄金，几吨黄金的总值也就不过数亿美元。这一数字如果属实，早就在 1950 年开始的五六年中，在无其他财源时便花费殆尽。1957 年，我将要赴美留学的时候，陈诚对留学生有过坦白的讲演，他告诉我们：“当局手上只有三千两沙金。”用今天的价码来换算，也就几十万美元而已。台湾必须寻求出路，打破困境，培养自己的实力。

20 世纪 70 年代初期，蒋经国开始直接主持经建会。从他任经建会的主委开始，一直到严家淦任行政管理机构负责人时代，他都致力于台湾的基础建设。也许因为蒋经国长期和当局中的技术官僚接触，如农复会、电力公司等机构的工作人员，他逐渐了解到，这些人的做法，和传统的党官僚、军人及情治人员完全不同。技术官僚是理性的、务实的，

1974 年 9 月，台湾行政管理机构负责人蒋经国（前排右一）与“内阁”成员在立法机构作施政报告，并接受民意代表的质询。其主要成员为：行政管理机构副主管徐庆钟（前排右二）、内务主管部门负责人林金山（前排右三）、外事主管部门负责人沈昌焕以及财务主管部门负责人李国鼎（第二排右一）。

善于多方考虑和处理问题。于是，他用了一批从大陆带来的技术官僚，包括孙运璿[①]、费骅[②]、陶声洋[③]、李国鼎[④]、蒋彦士[⑤]等人。严家淦是他的上司，本身就是一个很能干的技术官僚。这批人共同创造了台湾经济发展的业绩。

20世纪70年代初期，蒋经国的注意力在于经济发展。第一步，次第推行“十大建设[⑥]”，作为经济发展的配套措施，包括修建高速公路，铁路电气化，改进港口和机场，增加新的能源，如水电、核能等，作为未来开展工业建设和对外贸易的准备。从那个时候开始，一直到80年代，台湾的经济发展遵循几个阶段，逐步进行。

产业结构的调整与升级

以产业结构而论，从农产品加工过渡到日用品的外销，然后从日用品

---

①孙运璿（1913—2006），台湾高层技术官僚、知名政治家，被许多人认为是台湾科技产业的主要奠基者，堪称“台湾经济的推手”。

②费骅（1912—1984），台湾政治人物，是台湾几大公园的催生者之一。

③陶声洋（1919—1969），江西人，早年留学德国，为“战后”台湾的技术官僚之一。

④李国鼎（1910—2001），政治家兼经济学家，曾任台湾经济管理机构及财务管理机构负责人，在任时推动许多经济建设，被誉为“台湾经济奇迹的重要推手”。

⑤蒋彦士（1915—1998），浙江杭州人，曾任台湾地区教育主管部门负责人、外事主管部门负责人。

⑥指台湾当局于20世纪70年代在台湾推行的一系列基础建设工程。当时，台湾当局鉴于台湾许多公共基础建设，如道路、港埠、机场、发电厂等尚处于匮乏欠缺的状态，再加上1973年10月第一次石油危机发生，受到全球经济不景气的影响，为了提升和深化总体经济发展、缓解由于“出口扩张”而日益凸显的新矛盾，开始规划进行十项大型基础建设工程。由蒋经国提出，建设自1974年起，至1979年底次第完成，共动用新台币3000余亿元。

的外销进入一般电器器材的外销。20 世纪 70 年代，台湾开始注重大规模的纺织工业建设，成立了“纺拓会[①]”，作为民间从业者和政府的联络单位。纺织工业的推广，也连带推广了石化、塑料业。这一发展，造就了一大群能干的企业家，建构了许多新企业。为了推广石化工业，政府实施鼓励民间企业发展的措施，如五年免税，又如给予优先权利去划定工业区等。王永庆[②]的台塑利用这些措施，取得了极大的发展优势。运输和交通事业方面，公营的招商局和华航都转变为民营。相应地，民间的长荣企业集团在海运和航空方面，也都迅速地发展。这些项目的开展，使台湾的对外贸易获得了一定的优势。

从石化工业升级到信息业，同样地，当局相关部门也成立了资策会，推动台湾的信息工业，帮助民间企业从海外取得专利，标下订单，取得原料，并提供种种相关的服务。为了和新起的工业配套，成立了新竹园区和其他比较小的园区。在园区之内，高科技的工厂可以得到很多方便。这一切产业升级措施和配套措施，使台湾终于发展成为“亚洲四小龙”之一，很快就在塑料业和信息业上，成绩亮丽，占据了国际市场上的重要地位。

20 世纪 70 年代中期到 80 年代初，台湾的外汇非常丰沛。下一步，本来应是建立科技自主地位。照孙运璿先生的构想，在信息业方面要推动大规模集成电路，以具备具体的实力，开展信息工业的高科技创新的能力。

---

①纺拓会：1975 年根据台湾产业发展政策及纺织业的需求，在相关单位的辅助与纺织业的捐助下成立。旨在为市场拓展、产业发展、商情搜集、配额运用、提升设计、改善生产技术与经营管理等方面提供服务，促进当局与纺织品设限国进行谈判咨商。

②王永庆（1917—2008），台北人，祖籍福建安溪，台湾著名企业家、台塑集团创办人，被誉为台湾的“经营之神”“台湾的松下幸之助”。

不幸他中风致残，于是，这部分的领导工作就由李国鼎接下了。信息工业发展后来依然顺利，成绩斐然。著名的成功案例，包括施振荣的 Acer、华硕的笔记本电脑。台湾的计算机主板及汽车内的计算机控制系统，几乎占了全球大部分市场。

折翼的高新产业构想

原来的构想是在信息工业以后，进一步开拓、升级到前途远大的高新产业——纳米工业、光学产品和生物技术产品。但这三方面的升级，在蒋经国去世、孙运璿中风以后，到李登辉手上，却并没有继续推动。以至于到今天，台湾的产业结构还停留在信息工业的阶段，而且越来越倾向于替世界各处的信息硬件代工，很少自己发展全套装置，更没有进一步发展自己创新的产品。在各个零配件的生产上，台湾生产能力强大，成绩固然有目共睹，但在整体上，却缺少自己开发的创新产品。

于是，台湾的产业从 20 世纪 70 年代初期到 80 年代中期，似乎就走到了巅峰，从此停留在“高原”，只能凭借生产实力和大陆的市场配套。互动之际，有了上、下游分工的取向：台湾的零配件在大陆装配，或者大陆的零配件到台湾来装配。这种合作的趋向，固然使台湾的企业界有利可图，但在整体经济结构上，台湾却必须依赖大陆的企业。

都市化发展带来的南北差异

蒋经国在任时，台湾社会因为经济发展也发生了实质性的转变，都市化现象非常显著。大量人口集中到都市，农村人口相对减少。台湾幅员不大，城市与城市之间连接起来非常容易，于是，台湾特别是北部基本上成为一个连接的大都会区，农村反而成为都会区之间的口袋。这一特殊趋向引导了大家的职业选择。各式各样的服务业吸引了大量劳力，就业比例显著超过其他行业。城乡之间最大的不同，就在于都会区人口的知识程度提高。南北之间也有显著的差异：南方的都会现象不如北方彻底，南方的都会呈现农村与都会混合的形态。台湾南部的农村取向和北部的都会取向，形成强烈的对比：工业集中在北部，南部除了高雄有一个港口和石化工业外，其他地区工业并不发达。南部的农村收入不易提高，南部和北部的生活条件有巨大的差异，使得南部居民感到委屈。这一趋向，在后来台湾政治民主化过程中，也有一定的影响。

一份杂志催生一个民进党

台湾的政治，在蒋经国时期有显著的发展。诚如前文所述，到了蒋介石晚期，不得不对“万年国会”的怪现象有所矫正。台湾的民选，从地方民意代表和地方行政首长选举，逐步扩展到全面的选举。在蒋经国晚期，民进党的出现，就是由于屡次地方选举积累了巨大的能量。民进党是旧日所谓“党外”的联合，在反对党没有顺利成立时，许多参选的政治人物必须以“党外”的身份，个人与个人之间互相支持。在这一发展过程中，发生了两次相当严重的暴力冲突：一次是1977年的“中坜事件[①]”，另一次

---

① 中坜事件：台湾民众反对国民党当局在选举中公开舞弊而引发的政治事件。1977年11月，台湾举行“地方选举”，参加桃源县中坜镇投票的选民，对国民党当局使用非法手段操纵选举的行为极为不满，万余民众包围了中坜警察分局，当场烧毁警车、摩托车数十辆。台湾当局派保安警察前来镇压，民众遂放火焚烧了警察分局。

是1979年高雄的“桥头事件[①]”。

这两次事件，都和《美丽岛》杂志有相当大的关系。《美丽岛》乃是“党外”的杂志，继承了日本殖民时代要求民主化的传统。“党外”在不同阶段发行了不同刊物，鼓吹他们的理念。国民党的保守分子和情治人员认为，这明显是向国民党的威权挑战，所以，国民党的情治人员对这些“党外”的杂志有一定的压制。压力越大，反抗越大，民主运动的刊物屡禁不绝，一个被禁了，接着就出现另一个。《美丽岛》是最后出现的一个大型刊物，在台湾的民主运动过程中，《美丽岛》的出现有巨大的影响力。另外，在舆论上，《联合报》《中国时报》两大民间报纸的崛起，乘经济发展的潮流，拥有大量的广告收入，足以支撑大篇幅的日报和晚报刊登许多不同的政论文章和文学作品，民间言论不拘一格。这两大报纸，再加上一份销路比较弱小的本土报《自立晚报》，在台湾产生了一定的影响力，开启了公众舆论的广大空间。推动民主运动的知识分子借用公众论坛，讨论各式各样的问题。除了文字的讨论，这几家报刊也举办了许多讨论会和演讲会。

民间舆论影响力的强大，和民主运动的活动相辅相成，使台湾的民主变成不可抵御的潮流。在“中坜事件”中，情治人员利用宪警，用棍棒打击群众。但是在“桥头事件”发生的时候，军警就奉命不可动手，情势竟倒过来了。当局不敢过分使用暴力的形式，实际上是由于舆论的督促和谴

---

①桥头事件：1979年1月22日发生于台湾高雄县桥头乡的示威游行活动，为国民党当局在台湾地区实施戒严三十年以来第一次政治示威活动。1978年8月，当时的高雄县长余登发与其子余瑞言被台当局指称涉及“匪谍吴泰安事件”，遭情治单位逮捕，罪名是“知匪不报”“为匪宣传”，被判处有期徒刑八年，引发社会的不满与党外人士的反对，抗议国民党当局政治迫害。

责，当局才不能不有所顾忌。

1986年，“党外”人士在圆山饭店举行集会，原初并没有计划立刻组成政党，只是讨论推举参选候选人的相关问题。后来，在会议之中，朱高正提出：何不今天就成立政党？于是民进党就在仓促之中诞生了。情治人员想要在这个时候加以干涉，但蒋经国不许他们行动。两三天以后，既然没有反对，大势已然，民进党俨然就成立了。当时有些法律专家正在建议当局通过所谓“政党法”，然而，反对党的出现，哪有经过所谓法律成立的？都是运动成立，或是形势的需求出现的结合。民进党的成立正是反映了这一现象。民进党的成立，使台湾终于有了两个主要政治团体。

蒋经国在1988年故世。最后一段岁月，他颁布了两个重要措施：一个是宣布所谓“戒严法”结束，另一个是允许来台老兵回大陆探亲。这两个措施都有长远的影响：老兵回乡探亲，终于打开了两岸的互动。今天，两岸之间的互动，已经提升到相当顺畅的程度。结束所谓“戒严法”，则扫除了所有拦阻“宪政实施”的障碍。蒋经国自己公开宣告：“蒋家不再有人从事政治活动。”不同于其他威权政治的领导者将权力作为家族特权，蒋经国不许再有权力传代。

台湾本土文学的繁荣

在文化方面，20世纪70年代中期，台湾文学的本土化现象已经出现了。这一现象，至今还在延续不断，继续增高。文化本土化的第一批成果，是黄春明[①]等人将台湾本土的日常生活和心态，以长、短篇小说呈现于世。这个潮流迅速扩大，蔚成风气。自50年代到70年代，有将近二十年之久，台湾文学都只是大陆文学的延伸。本土的文化工作者经过学校的中文教育，在公共报刊的影响下，使用中文已没有困难。另外，日本文学留下的影响和日占时期台湾作家杨逵[②]、赖和[③]等人开创的传统，在本土化的文学内显然可见。本土文学发展过程中，也有人尝试用本土方言作为文字工具，然而并没有取得十分可观的成绩。同样，本土的艺术、手工业，甚至宗教活动，都成为党外运动者掌握的重要工具。

然而，汉文化毕竟是台湾文化的本源，其汉化的深度，还是远远超过日本或西方文化的影响。以文学的范围为例，日文虽是日据时期的“官方”语文，但台湾作家能够在日文文学圈占一席之地者，终究为数不多。1949年以后，中文恢复其主要语文工具的地位，经过一代的教育和日常使用，台湾作家无论是本地出生，还是外省人后裔，都有机会施展才能，发表著作。数十年来，早期的作家中，台湾本土作家的比例已经超过了来自大陆的作家。尤其是20世纪60年代到70年代，一批青年作家成为新一代的创作群，如余光中、杨牧、郑愁予、白先勇、施叔青、朱天心等人，创造了亮丽的成绩，在近代中国文学史上占有重要的一页，堪称“五四”新文化运动以来，中文文学开花结果的阶段。这一现象，讨论台湾文化发展

①黄春明（1935—　），台湾省宜兰县罗东镇人，台湾乡土文学小说家，其创作代表了台湾乡土文学的最高成就，在世界华文文学界亦颇负盛名。

②杨逵（1905—1985），1932年以日文创作《送报夫》，并任《台湾文艺》编辑，1935年后因反抗日本殖民统治，曾十次被捕下狱。

③赖和（1894—1943），台湾彰化人，1919年受“五四”新文化运动影响回到台湾，与黄朝琴、张我军一起发起白话文学运动。1934年、1941年两次被日本殖民当局逮捕，其作品具有鲜明的反殖民主义倾向。

《台湾文学》，日占时期台湾人创办的最后一个现代文艺杂志。

或者中国文化发展时，都必须大书一笔。

中文与今天台湾的文化现象，呈现本土化和延续中国文化的轨迹，这两条轨道之间既有互动，也有对抗，纠缠难解，却是谁也不能离开谁。

李登辉重政治权力轻经济发展

蒋经国在 1988 年逝世，他的任期还没结束时，就由李登辉接任了大位。李登辉主政两届，主掌台湾的政治和文化十余年之久。在他手上，台湾在政治上完成了民主化的政党轮替，全面选举代替了间接选举。在政党轮替的过程中，国民党本身改变体制，不再是一个独占政权的政治团体。国民党内部的成分也因为世代转换，逐渐从民间吸收，不再只是大陆来的人，而是有了大量的本地人才。民进党也一样，因为有合法的身份，自然得以迅速成长，尤其在南部，民进党的领导地位已经不可动摇，相对而言，国民党在北部拥有相当的优势。

如前面所说，经济和文化发展趋向有极大的关联。在李登辉主政期间，台湾的产业并没有得到升级的机会。直到最近三五年来，才有起于民间和学术界的努力，打算产业升级，但为时已晚，其他新兴工业国家，如韩国，已经超越台湾地区。台湾已经从“四小龙”的头掉到尾，更不能和崛起的大陆实力相比。

这是因为李登辉的注意力全放在了操弄政治权力上，不顾经济的发展。李登辉主政以后，经济的发展几乎全靠民间企业界的自动运作，民间力量已经大于官方。可是，企业各自为战，不仅力量不能集中，更可能彼此抵消。企业界最可能的选择，乃是守住原来的事业，不敢冒险开拓新产业。于是，台湾产业创新升级至今未能迈开脚步。而且，两岸之间关系的密切，经过外销与国际经济挂钩，当然是一日千里，今日台湾的经济已经完全卷在全球经济体系之内。

今天，因为民间卷入全球新的大结构之内，自己能够运作的空间也比较受限制，台湾单独提升产业结构，已经不易措手。台湾的都市化导致土地迅速增值，经济出现泡沫性的“虚胖”，一时也难以纠正。这是全球处处可见的通病，只是台湾经济体不大，一旦崩溃，恐怕难以自救。

李登辉宣称，要帮助反对党，“给他们一点奶水喝”。他以在任的国民党领导人身份，给予民进党显著的帮助。在2000年，终于出现了第一个民进党的地方政权，陈水扁当选为台湾地方领导人。这个转变过程并不很平顺，包括2004年“三一九[①]”的子弹。2004年的选举，也有一些纠纷；2008年的选举，就比较和平；2012年的选举，过程平顺，没有冲突。这两次政党轮替，台湾的民主政治应该已经走上常轨。

被“族群分野”牵制的台湾民主政治

令人遗憾的是，台湾的政治结构缺乏适当的制衡机制。立法单位以独立的民意代表为基础，可以抗衡行政当局，可以藐视行政权；行政权在立法权的节制之下，其工作效率大受影响。许多建设，甚至日常行政工作，往往不能顺畅推行。无论哪个政党当选，行政权受立法权的节制都非常明显。民意代表们的素质，依旧不能脱离台湾历史上方言族群和

① 指发生在2004年3月19日下午针对时任台湾民进党主席陈水扁和副主席吕秀莲的枪击事件。

號外

台灣 320 大選

綠得票：6,471,970

藍得票：6,442,452

無效票：337,297

免費贈閱

MING PAO DAILY NEWS

美西版號外

明報

2004

民主進步黨

TAIWAN

槍傷助陳水扁險勝

連戰要求選舉無效

兩項公投遭否決

陳水扁一勝一輸

公投結果

三藩市僑領：

阿扁贏得不光彩

宋楚瑜可當反對黨領袖

2004 年 3 月 20 日，《明报》美加版号外报道，台湾地区领导人选举中，枪伤助陈水扁险胜。三藩市侨领认为，“阿扁赢得不光彩”。

区域社群对于人民投票取向的影响力。在都会地区，由于居住点的分散和混合，这种传统群体的约束比较淡薄，个人的自主性较大。南部的情形就不同了，既定的身份认同具有相当强大的约束力，个别选民的自主性往往不彰。

台湾民主发展过程中，民意代表和地方领导人选举时，族群的分野还是一个重要的因素。族群分野牵涉的是情绪，也牵涉因为自己先天既定身份的预设立场。这一因素干扰民主选举下个人自由权的运用。这是身份认同与归属的心理因素，选民会忽略理念和政策的抉择。这一特点使台湾的两党政治，无法依据议题和政策选择自己认可的政党。

今天，台湾没有注重社会福利的政党，也没有注重个人自由的政党；政党的对峙，乃是以大陆取向和本土取向作为“楚河汉界”。这种形态的民主政治，在世界其他地区也出现过，北爱尔兰就是一个例子。北爱尔兰的民主政治，两百年来总受族群分野的限制，不能摆脱冲突和暴乱。在这方面，台湾的民主化如果不能有所突破，两党之间就难有理性的竞争，正常的施政也难以推行。

发展中的两岸关系

台湾的今天和未来，最重要的课题，当然是两岸间的关系。国民党拿台湾当作大陆的延长，这一论述，很多本土论者不愿意接受。

两岸关系中，尤其必须考虑台湾在全球经济系统中的地位。目前，全球经济都在衰败之中。台湾是一座小岛，在全球产业结构上，台湾占的比例不大，今天台湾单独提升产业结构，已经不易成功。台湾必须与大陆挂钩，大陆庞大的经济体，和台湾精致的经济体配合，形成一个可以自救自存的单位，是否因此可以不受全球衰退的影响？这也是一个大家需要考虑的课题。台湾的未来无法预设，事在人为，许多事情都需要大家放开偏见、丢下包袱，以理性考虑，走向一个比较合理的未来。

第七章
积患重重，当共建世界新文明

中国人应当自己寻找自己的观念，真正能够重新认识和借鉴东西方科技文明本身的一些理性价值，融合铸造一个新的社会、新的价值体系。

台湾的骄傲

以上六章谈到台湾的历史发展，也谈到台湾目前的情况。四百年来，台湾这一座荒芜的小岛，一批一批的移民，前赴后继，终于成就了今天的情况。四百年来，中间还包括被日本占领和殖民的五十年，为人奴役，却也获得了许多发展的经验。第二次世界大战后，台湾光复，但太平洋战争留下的满目疮痍还没有收拾干净，内战又起，台湾也经历了六七十年的艰苦岁月。

凡此种种，以台湾现在的资源和并不安定的环境，居然能够熬过重重难关，成为今天世人称为东方相当成功的地区。这一成绩得之不易，多少代胼手胝足、焦思苦虑、勤勤恳恳，才有此结果。在台湾的人因此不无自豪，外面的人对台湾也颇有赞誉。回头看看，虽然有可喜的成就，但是也有许多没有完全做到的遗憾。这一章就是反思台湾几十年来的发展，一方面，对台湾是激励，是自我的鞭策；另一方面，对大陆而言，台湾的成功与失败，又何尝不是一种借鉴？

台湾最足以自豪的，当然是经济的发展。自从20世纪50年代实行“耕者有其田”的土地改革以后，台湾从农业社会一步步转化成工业社会。今天在国际贸易上，台湾累积了大量的外汇，在东亚号称富裕地区。台湾生产的信息科技原配件，几乎满足了全世界信息工业的需求。甚至有人说，世界上大部分汽车内部的小计算机，大概都是台湾工厂生产的。

经济发展错失的机遇

回头看看，信息工业的发展，是台湾阶段化发展的一步，这一步已经维持了将近二十年。当年在蒋经国主政晚期，原来计划是要有一定的发展程序，一步一步升级台湾的产业结构，前面已经谈过。但是发展到信息工业和石化工业，下面一步并没有再走下去。据我所知，原来的时间表上，石化工业和信息工业以后，还要发展微型产品（纳米）和生化科技。可是，至今生化科技还没有真正地扎根，更谈不到成长，微型产品更是落在已经有成就的其他地区之后。如果再没有进一步的发展，台湾的产业终究会渐渐沦为夕阳产业。

今天石化工业对台湾的居住和生态环境，都有极大的负面冲击。实际上，不应该再继续发展了。信息工业长期停留在代工阶段，没有发展自己的品牌，也没有出现从头到尾可以自己生产的产品。回顾当年比台湾起步略晚的韩国，他们有自己品牌的汽车，有自己品牌的计算机，有自己品牌的电视机。韩国的生产是全面的，从头到尾是一贯的。本来工业基础比台湾好的日本，当然更占优势，日本品牌的汽车在全世界都名列前茅。

近年来台湾信息工业能够获利，有一部分原因是很多生产程序移到了大陆，利用大陆廉价的劳工和非常优厚的土地、用水条件，使得台湾的工业能获得优势，在世界的竞争中得利。但这种形势不能保持长久不变。第一，大陆的生产成本上涨；第二，其他国家和地区的廉价劳力正在慢慢兴起，这些都是使人担心的。实际上，2012 年台湾的经济增长率，除了几个

台湾信息工业的发展，一大原因是利用大陆廉价的劳工、土地和用水条件。图为河南省滑县人力资源市场，农村青年在接受台湾企业富士康公司工作人员的招聘面试。

大的企业如鸿海和广达以外，其他的厂家业绩并不理想。台湾的经济增长不仅迟缓，而且很快就可能走向负面。

在蒋经国主政晚期，他曾经有一个构想，要让台湾发展成为东亚地区的营运中心。所谓营运中心，就是包括物流的运输、仓储和金融的调度、储备等整套业务。连战担任行政管理机构负责人的时候，曾经大力推动这一计划。但是1996年后，李登辉对大陆怀有极大的戒心，采取了“戒急用忍”的方针。这样一来，台湾成为东亚营运中心的时机就错过了，上海、新加坡和香港都在这营运中心的角色上各有地盘，台湾已经没有可以插足的余地。

巨大的经济隐患

台湾的经济，正如世界其他资本市场一样，面临泡沫化的危机。最大的危机，就是房地产的泡沫化。房地产恶性增值，不断扩张其占有的规模，也不断刺激了市场的需求。台湾房地产市场能够如此诱人，乃是因为台湾快速的城市化，使得许多城市，尤其是台北市及其周围，吸引了许多新的居民迁入。住宅、厂房、店房和街市不断扩张，将本来是农田或森林的土地，转变成城市土地，其价值就增加了数十倍，乃至千百倍。然而，在土地效用上，其实际的增值和市场的价值之间，有很大的脱节。于是，房地产造成的巨大经济体，要靠使用土地者的分期付款来支撑，经济体越来越庞大，支撑的力量会不堪重负。有一天繁荣的房地产泡沫会破灭，就难免引发全面的经济危机。一般老百姓就没有能力再负担他原以为是有价值的房地产，这是在美国、欧洲、日本都已经出现，中国台湾也快要出现的现象。

这个危机最终会造成经济的萧条和衰退，同样的情形在大陆也正在发生。大陆看到台湾地区、日本和美国的现实，应该有所警惕。台湾如何免于这一灾难，也应该早早着手。在李登辉主政时，王建煊[①]曾经建议，都市土地也应有节制的政策，不能让投资房地产的建筑商获得暴利。可惜，他的政策并没有得到采纳。今天再回头矫正，也已经太晚了。房地产的任意开发，使城市无法做整盘的规划。台北市目前的道路和居住环境，完全没有办法再做合理的调整。相对地，新加坡有全盘整体的发展，合理地利用有限的土地资源。香港有新城镇的发展模式，台湾却没法再做调整。同样的情形，大陆也要有所警惕，不能重蹈台湾任意发展的覆辙。今天要进行都市更新，谈何容易？拆房子容易，成千上万的居住人口如何安排？这不是易事。

证券市场是另一个大问题。台湾今天的股票市场规模其实不大，但是，在台湾，玩股票却吸引了许多普通群众。如“菜篮族”，就是家庭妇女，上街以前，先到投资证券商门市部转转，希望当天能在几小时内赚个几百到上千元，帮助她买菜。这个现象，可以说是全民投入股市。股市的升降，影响了台湾不少普通百姓的生活，也影响了台湾的经济发展。因为股市的暴利，许多股票经纪商成为巨富。也有许多贫民在实际上像是赌博一样的行为中，丧失了自己有限的本钱。

社会矛盾日益增多

通过对以上各种现象的总结，可以看到台湾今天的贫富差距越来越悬

① 王建煊（1938— ），安徽合肥人，台湾当局前财务管理机构负责人、民意代表、新党领导人，在台湾政坛上有“小钢炮”“王圣人”之称。

殊。台湾地区富有人口的比例，大概也和美国差不多，不过是全部人口的百分之一。贫穷人口正在扩大，中产阶级正在缩小，可能会逐渐消失。这一现象在中国大陆、日本和美国都同样出现了，台湾地区不是例外。不过，在台湾这小小岛屿上，这种现象本来可以及时矫正的，现在可能已经太晚了。最近行政管理机构在筹划征收证券税，推动这个政策的负责人没有得到内外的支持，终于挂冠而去。今天，一时还不会出现严重的危机，但危机的严重性将是难以承受的，将来危机出现之时，就可能濒临大崩溃。

台湾是一个移民社会，早期来的移民是以族群为基础结合在一起的，所以有泉州人、漳州人、客家人这种分类。1949 年，大批大陆人口移入台湾，在台湾形成了外省人和本省人的区隔。族群分野在台湾社会一向是严重的问题。在清代，族群械斗是长期存在的严重的社会问题。日本人以强力的警察权，终于制止了族群之间的恶斗。但是族群之间的猜忌，还是没有完全消失。到今天，客家人和闽南人之间还是有相当的分割，外省、本省的距离就更大了。最能体现这些社会分化现象的，是以寺庙为中心的宗教活动——某些寺庙可能就是某些族群的团结中心（只有妈祖是客家人和闽南人都会崇拜的）。寺庙动员信徒，结合外围的同一族群的其他寺庙，每次活动，其规模和组织力都令人佩服。

这种族群之间的结合，成为民主选举过程中无法避免的因素，族群的立场压过了候选人本身的素质，也压过了候选人提出来的选举政见。因此，这些当选的民意代表进入各级民意单位的时候，无论是在地方还是在县市议会，都引发了无穷无尽的冲突。在立法机构内，立场偏向大陆的外省人和偏向本省的民进党之间，常发生非理性的对抗，使许多立法工作陷入瘫痪，造成许多不必要的冲突。

每次冲突都是在原有的伤口上撒了一把盐，同样的现象在县市议会上也会出现，只是大家不太注意而已。这种族群偏差分化，是台湾社会史上长期的痼疾。如果这一现象没有更正，台湾的民主永远不会是真实的民主。

另外，由于台北市是外省族群结合最多的地方，即使本省的同胞进入台北市，也因为台北市高度的城市化，变成城市的居民；中南部即使在中小城市之内，还是保存了相当程度的乡土性格。于是，台湾这很小的岛屿却分成城市的北部和乡村的南部，彼此在文化水平、文化的喜好和选择，以及政治的偏向上都有很大的差异。

同样的现象，我想在大陆也会出现，沿海城市和二线城市、二线城市和农村之间，其差异和台湾南北差异相当类似，只是规模更大、差距更远。这种现象在许多原来是帝国主义殖民地的地区，几乎处处都会出现。譬如，非洲南部的约翰内斯堡与其腹地的差距。台湾在日据时期已经出现台北市和其他城市之间的差距。

加入 WTO（世界贸易组织），关税壁垒基本上消除以后，许多进口的外来品比本地生产的还要便宜。以粮食来说，东南亚进口的稻米比台湾本地出产的稻米价钱更低廉，不过台湾稻米的味道是东南亚稻米无法相比的。

由于这个市场差价，当局不知为何就发展了一套鼓励农民休耕的办法——“无米乐”。于是，农民劳工进入城市，农村只剩下老弱妇孺，农田抛荒。台湾本来是一个物产富足的地方，台湾盛产的稻米和蔗糖，曾经是日据时代重要的粮仓，现在台湾的粮食，却需要靠外来的接济。自己的粮食不够用了，许多很好的土地抛荒不再使用，每年要花许多外汇去购买外来的粮食。这种政策不知道为什么竟然延续这么长久，也许是因为劳动力的需求，也许是因为当局错误的政策，也许是因为 WTO 政策之下，地区之间的贸易协议。

总而言之，这些现象造成农村极度衰退的趋向。目前，因为台湾产业无法升级，而人口大量从农村移入城市，今天的台湾已经是工业化的社会，能够提供的职业不多。于是，大量的青年人口失业或正处在失业边缘，教育程度愈高，失业的可能性愈大，即使大学毕业，得到的薪资也和不念书的劳工差不多。这样下去，将成为台湾不定期的炸弹，一旦爆发就不可救药。

经济发展造成的环境恶化

快速而大幅度的经济发展使台湾富有了，人民的生活也宽裕了。较好的居住条件和交通设施，使台湾普通人的生活舒适方便。这些都是令人欣喜的现象。

1980 年以后，台湾外汇继续不断增加，反映在人民的生活上，是土地利用的需求不断提高，后果却是令人担忧的。台湾是个小岛，能够居住的地区，也不过西部窄长的一块平原和丘陵，中央山脉、高山峻岭，并不宜人居住。台湾的河川，坡度大、流程短，无法蓄水。台湾的居住空间并不宽裕。尤其在人口繁密的北部，八百万人挤在台北盆地及其外围，实际上已经超过可以承担的限度。中央山脉陡坡下的丘陵，是远古时代大陆板块和太平洋板块相撞造成的高山留下来的碎片，地质结构非常松弛，又没有足够的蓄水量让松弛的土地坚实。沿海的地段，从中部一带往南，基本上都是冲积平原，下面靠地下水撑起嘉南平原这一片肥沃且广大的平坦地带。不过，如果没有地下水撑持，这一平原就难免下陷。不幸的是，几十年来的发展，已经造成生态的损坏。

台湾生态的败坏，已经难以逆转。举例言之，都市周围的山坡，建屋

1999 年，台湾东部泥石流把巨大的钢梁公路冲塌到河谷中。

的密度，远超过这些山地可承担的程度。开辟居住地区外围的道路，又使用了许多绿地。本来是依靠山林树木的盘根错节来稳住这一片丘陵地带的，林地消失，土质即会松弛，以致容易滑坡。近年来，台湾发生的滑坡事件，不胜枚举。尤其是台风时节，大量的雨水下灌，几乎处处有滑坡、泥石流的现象发生。

一般人民生活水平提高以后，欲望也会提高。有一些经济植物，譬如槟榔，扎根浅，不足以抓稳地基，但槟榔市场价值却很高，于是许多农民砍伐了本来的森林，改种槟榔。大雨一来，槟榔抓不住土，上面滑坡，下面就一起下滑。新开辟的住宅区和商业区、密集的建筑群，只有薄薄的水泥基地，下面是松弛的土质，在上坡滑动时，下坡跟着滑动。这种情况每年都有发生，造成生命和财产的巨大损失。

又如，东南部的海埔地带，以彰化为例，遍地都是鱼塭[①]，养殖能获得厚利的水产。鱼塭大量抽取地下水，以致彰化、云林这一带，有些地方至今已经下陷三尺至五尺之多。再如，台湾东北部的兰阳平原，本是农业地带，遍地水田，沟渠纵横。近年宜兰成为度假胜地，号称民宿的度假屋如雨后春笋般在田间星罗棋布，沟渠系统被这些建筑物的地盘割裂，不再能发挥排水功能。2011 年宜兰大水，即是生态破坏后的结果。

台湾新建的道路、高铁、高速公路，都穿越平原和坡地。发达的经济，系统的道路是必需的配套，但在地质结构欠佳的地区，开辟密集的道路，其实相当危险，一旦出事，就会造成生命和财产无可逆转的损失。

一些工厂的工业污染，使今天台湾的饮水不再洁净。工业污染物侵入

---

①鱼塭：俗称“鱼池”，是一种多建立于滩涂的水产养殖场。在沿海的地域挖出一个大型水池，边缘设有堤防和闸门。其原理是利用海水潮汐来获得养殖所需的海水以及鱼苗、虾苗、蟹苗。

农田。譬如，带镉的稻田生产的稻米，含有大量的镉元素，不堪食用。

整体来看，台湾在生态上的损害，已经到了难以挽救的边缘，再多损害一分，台湾生态将会全然崩溃。可能生活好了，人民的欲念、贪心和享受的要求一天天提高，终于不顾未来的危机，只看眼前的利润。想到这些事情，对两岸未来的发展，不免忧心忡忡。

民主政治的弊病

上述灾害，照理说，公权力可以预防和矫正，从当局到民间，不是没有人看见这些问题。但是问题发生的层面和严重度，防不胜防，阻挡不住。台湾当局在以民主政治为外衣的结构上，有许多派系的纠缠。尤其是地方层次，有力人士往往假借公权力，挟派系的力量，谋自己的私利。在台湾当局层次，由于现在的各个政党各自代表一个族群的归属感，一切对立，都会出现无法协商的隔阂，没有协商合作的可能。同时，当局和地方单位之间也难协调，不是冲突就是抵制。当局的行政权受制于立法权，永远空转，无法做事。

民主政治有它的好处，是公民自己做主。但是，台湾的民主政治，存在族群对立的先天缺陷，公权力在这样的制度之下，无法顺畅地为全民的福祉推动和执行一定的措施。各级民意单位及地方官员都是经过民选产生的，所以他们都有自己经过选举而获得的民意支持，不是当局可以指挥的。领导人是民选的，各级地方官员却都是委派的。

全世界都一样，如果不是内阁制，就必须由民选的领导人直接执行行政权，行政权没有民意基础，就无法与立法权对抗。台湾的制度，既不是完全的领导人负责制，更不是所谓“内阁制”，有了问题，唯有僵持。台湾司法权到现在还停留在民事规定、刑事规定的执法功能上，对有关规定的制衡功能，还没发挥真正的发言权和抵制力。三权鼎立，在台湾的制度上是一个空洞的机制，并没有三权互相制衡又互相补足的机制。

如果将来政党的区隔仍旧是以族群作为界限，而不是以政见为宗旨，则对立和冲突将会继续下去。在地方层次上，如果长期存在的地方派系无法为政见的区隔所代替，地方政治将永远陷于利益争夺上，无法为乡里谋福利。这些是台湾快速民主化过程中难以纠正的弊病——在结构上看来是民主了，在功能的运作上却不能实现民主的好处。

这一现象，只有让公民知道民主的真正意义，才可能改变。可是，台湾的教育制度虽然让每个人都接受十二年的基础教育，却并没有使一般的老百姓懂得如何行使自己的权利。这也是令人十分忧心的事情。

受科举遗毒影响的现代教育

说到教育，台湾的教育制度出现的问题，和大陆教育制度出现的问题，几乎一样。从小学到大学，大家注重的是学校的排名，而不注重实际的质量，尤其是大学阶段。所谓排名，就是靠教授们研究工作发表的文章篇数来计算。量化的结果是，大家忽略了质量。一般研究文章所触及的问题，都是陈陈相因，不断地“炒冷饭”，因为这最方便，也最能快速增加发表文章的篇数。由于大家都要求研究者发表新的文章，不要求发表的文章本身是不是有新见解、是不是有更进一步的推进，研究工作因为没有开拓新的领域，学术的发展就有限了。

中国科举文化的遗存之一，乃是升学主义。从小到大，连带中学投考大学，为了要争取进入好大学、明星大学，补习之风，一贯到底。几乎

台北市的儒林状元第，是中学生为考大学而去的补习班。在台湾，最受欢迎的是这类留学补习学校。

人人都在补习，都在揣摩考试的内容，是什么考题？什么是重点？不是为了知识，而是为了一级一级地上升。台湾现在的大学，为数不下一百八十家，考进大学并不是难事，因为大学录取名额比投考人数还多。激烈竞争，是为了进入明星学校。但这些大学生难以真正学到在今天迅速发展的科技社会所必须具有的技能和知识。在这种情况下，台湾的经济发展也就不免长久停留在代工阶段，无法开拓新的境界。

高等教育和全民教育都是培育社会精英的重要苗圃。上述教育层面的缺陷不能改正，台湾就不能培养出优秀的社会意见领袖，也不能培育能干的政治人物。目前，台湾的舆论缺少20世纪七八十年代的优良品质和蓬勃气象。大众媒体有自由，而不珍惜；有些媒体人物为了市场利益，沦于娱众取宠，无法以舆论来监督政治。于是，政治团体不知将恶性的对抗转化为良性的协调。

这些事情一环又一环，连环牵扯在一起，使得文化、社会、经济种种的困境，都互相套住，无法突破。台湾的博士、硕士满街都是，但是没有人能够解决台湾目前的困难。两个政党都有一些相当优秀的人物，但他们都有无法施展才干的痛苦。

重建现代文明的希望

台湾有过快速的经济发展，乃是乘着世界发展潮流趁势而起。20世纪七八十年代，台湾人拎着一个小皮箱，走遍天下，替台湾招揽生意，替台湾取得订单。台湾“钱淹脚目[①]”，“淹脚目”的钱，造就了台湾的富庶和

---

①钱淹脚目：一句俗语，意思是说以前台湾经济发达，钱放在地上都可以盖过脚踝。

繁荣，但是也造成了前面所讲的种种难题——生态的破坏、社会的冲突，以及政治上无法转型为真正代表民意、真正为民造福的民主制度。凡此，都使台湾陷入内耗，无法提升自己。说到这个地方，为之痛心！

台湾有可以做好的机会，但是因为环环相套，几乎无法自拔。要解除对立，必须化解族群对立的心态。政党的立场，应该是各自代表各种政见。政见和政见之间要在政治上有协调的余地，才能使公权力代表民意运作，使全民获得一定的照顾。

当然，归根结底，还是文化问题有待处理。台湾快速西化过程中，对于西方主流文化当年兴起时候的一些价值观念，接受了却未必深刻理解了。日据时代，日本自己快速地接受了西化，并以其统治者的强势，在台湾推行西方制度。台湾经历了一段知其然而不知其所以然的文化大转变。对于中国本身的文化却完全丢在一边，台湾没有机会在自己的文化和西方文化之间进行反思、融合和调节。台湾学到了西化的宗教、西化的政治制度，也能很顺利地运作西方市场经济的一些机制。可是，台湾一般人，正如同大陆一般人一样，并没有真正理解西方文化当年能够兴起、能够主宰世界三百年的种种理念，其中自有一定的道理。例如，自由的另外一面是自我约束、是容忍、是与人合作；民主的另外一面是责任，不是仅仅享受被赋予的权利，而是也要负起相应的责任。法律是大家共同遵守的规则，要懂得法律是情理相容的，不是呆板的条文。

西方主流文明正在衰退，已经到了“成住坏空[①]”的“坏”的阶段，再往下就是末世的“空”和“灭”了。西方已经把原有的价值观念抛在一

①成住坏空：佛教用语，指世界变化的四个阶段，即四大劫：成劫，产生时期；住劫，存在时期；坏劫，毁坏时期；空劫，空无时期。

边。台湾的情况正如大陆一样，在追逐现代化的时候，没有注意到“现代”已经在逐渐变质。追逐现代化时，没有追逐到现代的源头，只追逐到现代剩下的残余部分；抓到现代的形式，抓不到现代的精神。

将来世界要有一个新的文明出现，中国人不能等别人消化够了、建构好了，再一次接受。中国人应当自己寻找自己的观念，真正能够重新认识和借鉴东西方科技文明本身的一些理性价值，融合铸造一个新的社会、新的价值体系。只有做到这一点，在世界未来文明的大结构下，大陆和台湾才能有条件发展更好的生活质量。

后记

正是因为爱之深，所以言之切，说到这里，这本书也该结束了。这本小书描述四百年来台湾的挣扎与奋斗，历经多少劳累和辛酸；一个岛屿上的这群人，能够做到今天这样，走来不易。这不容易得到的结果，却越来越有可能成为一个泡沫。如何使这一群人继续坚持，继续努力？如何在这小岛上，给这群人开拓存在的余地？今天的吵吵闹闹，今天的好逸恶劳，都不是自存之道。眼下的形势已经非常严峻。面对这严峻的挑战，全民要警觉，尤其是社会、文化的精英，必须警觉，提醒自己，提醒社会，提醒群众，在泡沫破灭之前，能够早早努力，挽救几乎不可挽救的局面。台湾需要忧患意识，只有想到将来会发生不敢想象的后果，才会鼓起勇气，努力找出路。